Lob der schwierigen Lesart

Andreas Wang

Lob der schwierigen Lesart

Streifzüge durch unlesbare Bücher

Matthes & Seitz Berlin

Für Lily

Inhalt

Stultitiam laudauimus, sed non omnino stulte.
(Der Torheit galt mein Hymnus, aber ganz töricht ist er nicht).[1]

Man könnte sagen, der Hofnarr war gleichsam die Institutionalisierung der Sprache des Wahnsinns. Ohne Rücksicht auf Moral und Politik und unter dem Schutz der Verantwortungslosigkeit gaben sie in symbolischer Form Wahrheiten kund, die gewöhnliche Menschen nicht äußern konnten.[2]

Die sehr Schönen, die sehr Guten, die sehr Mächtigen erfahren fast nie über irgend
Etwas die volle und gemeine Wahrheit, – […] Wollen Menschen der Art trotz Alledem und durchaus die Wahrheit hören, so müssen sie sich ihren Hofnarren halten, – ein Wesen mit dem Vorrechte des Verrückten, sich nicht anpassen zu können.[3]

Es gibt jedenfalls drei Gründe, Dante zu lesen:
erstens ist er unlesbar,
zweitens ist seine Ideologie völlig irrelevant.
Und drittens sind auf der einen Seite Dante, auf der anderen Seite das Inferno, das Fegefeuer und teilweise auch das Paradies fast Synonyme.[4]

Hbn Si gnwuszt, da zain Lesr dri Augn hat?
Nemliah zvei öüssre and ain inres?[5]

With ❤ 2u

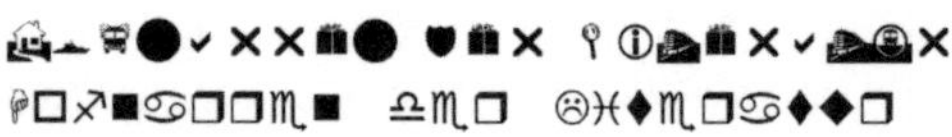

Einleitung

In den Umfragen unter den Liebhabern der Literatur zählen die Fragen nach den besten, den wichtigsten, den schönsten Büchern zu den periodisch immer wiederkehrenden. Seltener, aber vielleicht auch speziell angelsächsischer Leselust und Wettleidenschaft geschuldet, ist die Frage nach den schwierigsten Büchern. So zum Beispiel 2009 in dem Internetportal *The Millions*[6]. Es setzt nicht in Erstaunen, dass James Joyce's *Ulysses* diese und viele andere stolze Listen anführt – sie wird von Titeln wie *Finnegans Wake* fortgesetzt (ein Werk, über das etwa Nick Hornby sagte: »toss any novel as soon as it gets hard going«[7]), dicht gefolgt von Thomas Pynchons *Gravity's Rainbow* oder sogar *Ada or Ardor* von Vladimir Nabokov. Gelegentlich findet sich auch David Forster Wallace's *Infinite Jest* darunter. Dass manche Bücher nicht auf den Listen erscheinen, heißt freilich nicht, dass sie aus der Kategorie schwer lesbarer Bücher herausfielen – wir werden manche von ihnen noch kennenlernen.

Was Wert und Ehre derartiger Bücher angeht, dürfte ein Teil der Wahrheit in der Bemerkung eines Rezensenten liegen, der über das Objekt seiner Begierde, den Science-Fiction-Roman *Dhalgren* von Samuel R. Delany, schreibt: »Of the half-dozen or so fellow readers I know who have attempted to scale the 800-page Matterhorn that is Dhalgren, none have succeeded«. Freilich setzt er seine Beobachtung fort: »Still, when I tackled it myself last month, I kept encountering people in parks and coffee shops and on the subway who would glance down at the jacket, blurt, ›Great book‹, and then vanish into the urban landscape«.[8] Und der Publizist und Dozent an der Sorbonne Andrew Gallix tröstet seine Leser mit der Bemerkung: »We measure out our lives with unread books, as well as coffee spoons«.[9]

Darin liegt eben ein Teil jenes Charmes, den diese Bücher ausstrahlen: schwer verständlich zu sein, und doch als irgendwie großartig empfunden und gewürdigt zu werden. Ein Raunen geht durch die verschworene Leserschaft, das macht das *Irgendwie* aus, diese Unbestimmtheit der Leidenschaft. Denn genau anzugeben, worin nun eigentlich das besondere Qualitätsmerkmal für den gehobenen Anspruch liegt, fällt nicht ganz leicht. Anders ist es mit dem Kick, der lässt sich immerhin spüren und beschreiben. So etwa Bret Easton Ellis über *House of Leaves* von Mark Z. Danielewski, stolz wiedergegeben auf der letzten Umschlagseite der deutschen Ausgabe: »Ein großartiger Roman. Ein phänomenales Debüt. Hinreißend lebendig, auf erhabene Weise unheimlich, in erschütterndem Maße furchteinflößend, atemberaubend intelligent – es lässt fast alle anderen Werke bedeutungslos erscheinen. Man kann sich vorstellen, wie Pynchon und Ballard, Stephen King und David Foster Wallace sich vor Danielewski verneigen, fassungslos vor Erstaunen und Überraschung, Lachen und Ehrfurcht«.[10] Vorzugsweise auf Schutzumschlägen oder in Werbeprospekten finden sich vergleichbare Lobeshymnen auf solche Satzdämonen: »Very probably the finest long poem written in English this century« begeistert sich z. B. W. H. Auden über *The Anathemata* von David J. Jones[11], ein Buch, das Auden freilich in einer Rezension in der *New York Review of Books* 1963 so beschreibt:

»In Mr. Jones's poetic universe [...] proper Nouns (all foreign words partake of the nature of Proper Nouns), calendars, and atlases are the most conspicuous features, and one must admit that without the copious notes which Mr. Jones provides, it is unlikely that *anyone* except the author would be able fully to understand the poem. I myself have read it many times since it first appeared ten years ago and there are still many passages which I do not ›get‹.«[12]

In seiner Rezension des »wohl am meisten ungelesenen Buchs der Welt«[13], des *Ulysses* von James Joyce, machte sich seinerzeit Kurt Tucholsky über den französischen Kritiker Valéry Larbaud lustig, denn der »begrüßt den Ulysses mit der gleichen Ehrfurcht, wie Boccaccio die Divina Comedia begrüßte...«.[14] Mag sein, dass Tucholskys bissige Bemerkung am Schluss der sehr negativen Rezension dieses »außergewöhnliche[n] und sehr merkwürdige[n] Buchs« die wahre Bedeutung des Buches verkennt: »Liebigs Fleischextrakt. Man kann es nicht essen. Aber es werden noch viele Suppen damit zubereitet werden«.[15] Dass es Wirkung haben würde, hat er offenbar geahnt, womöglich gefürchtet. Jedenfalls hat er mit seinem Hinweis auf die »Ruhmesfanfaren«[16], die über die tiefe Kluft zwischen Lesbarkeit und Unlesbarkeit schallen, jenen Zusammenhang erkannt, für den wir den Klub der Fans unlesbarer Bücher erfunden haben. Als Tucholsky den *Ulysses* rezensierte, war *Finnegans Wake* noch nicht erschienen – an diesem Buch hätte er seine wahre Freude gehabt. Denn bekanntlich zählt es zu den am schwersten verständlichen Werken des 20. Jahrhunderts. Auch Umberto Eco, der Autor des international zum Bestseller gewordenen Romans *Der Name der Rose* gehört zu den Mitgliedern dieses Fanklubs, schon weil er selber die Leidenschaft der Verschlüsselung betreibt wie die Autoren seiner Bibliothek: »Ich habe mich auf die okkulten Wissenschaften konzentriert«, erklärt er in einem Gespräch mit Manfred Papst in der *Neuen Zürcher Zeitung*. »Mich faszinieren Fehlleistungen, Phantastereien, Phänomene wie erfundene Sprachen. Um die ewigen unverrückbaren Wahrheiten mögen sich andere kümmern«.[17] Und auf die Frage, welches das schönste, seltenste und wichtigste Werk sei, das er besitze, antwortete er: »Vermutlich schon die *Hypnerotomachia Poliphili*, ein geheimnisvoller Renaissance-Roman, der 1499 erstmals erschien«[18] – das wundert uns nicht. Auf dieses Buch, seinerzeit fast eine Standard-Lektüre, heute auch eher schwer verständlich, ist natürlich zurückzukommen.

Zu den schwierigen Büchern in deutscher Sprache gehören – aus sehr unterschiedlichen Gründen – Arno Schmidts Werke wie *Zettel's Traum* oder *Abend mit Goldrand* ebenso wie *Medusa* von Stefan Schütz oder Marianne Fritz' Opus mit dem vielsagenden Titel *Dessen Sprache du nicht verstehst*. Die Liste lässt sich lange fortsetzen, wir werden einige Exemplare aus ihr kennenlernen.

Manche Leser verweisen mit ihrer Antwort auf die Frage nach schwer oder gar unlesbaren Büchern gerne auf Robert Musils *Mann ohne Eigenschaften*, scheitern aber wohl eher am Umfang dieses Werkes, das noch nicht einmal abgeschlossen vorliegt, als am tatsächlichen Schwierigkeitsgrad. Sie erinnern dann lieber an die wirklich harten Brocken aus dem Schriftgut der Philosophie: Kant mit seinen Schriften verbreitet Angst und Schrecken, doch Heideggers *Sein und Zeit* macht Grauen – sogar noch bis nach Amerika, weshalb ein besorgter Leser namens Caitlin in *The Millions* fragt: »What about something by Heidegger? Being and Time? He really makes Kant and Hegel look easy«[19] – und Wittgensteins *Tractatus logico-philosophico* wird nirgendwo als heitere Lektüre empfunden. Im Internet wird auch hierzulande freimütig über schwierige, auch internationale Literatur diskutiert, und gar nicht schlecht.

Schwierige Bücher sind nicht unlesbare Bücher – sie haben aber mit diesen etwas gemein: nämlich Fans, Leute, die sie lesen oder doch zu lesen vorgeben und von denen dann auch einige noch behaupten, sie verstanden zu haben. Von eventuellen Käufern hier einmal zu schweigen. Und um diese Bücher soll es uns im Wesentlichen gehen, um Bücher auf der Skala zwischen schwerer Lesbarkeit und gänzlicher Unlesbarkeit. Das sind Bücher mit Bandwurmsätzen über mehrere bis über hunderte von Seiten ohne Punkt und Komma, ohne Absätze oder erkennbare Gliederung, das sind grammatikalische Fallgruben und scheinheilig daherkommende Texte, die aber trotz aller Bemühungen Rätsel bleiben, das sind Texte, die sich winden und drehen und keinen Ausweg aus ihrer Verschlungenheit erkennbar werden lassen, Texte, in denen der Leser sich, mal lustvoll, mal verzweifelt, verirrt und verläuft. Und das sind schließlich

Bücher mit eigenem Alphabet und rebusartigen Wortzusammenstellungen. Nicht weiter berücksichtigen wollen wir Bücher, die einmal lesbar waren, dann aber gezielt und in bösartiger Weise ihrer Lesbarkeit beraubt wurden: Bücher, deren Wörter absichtlich geschwärzt worden sind. Wir kennen sie aus den Akten der Stasi oder anderer Geheimdienste. Zum Scherzen wenig aufgelegt sind diese Schwärzungen, diese Staatsschutzmaßnahmen, deren Urhebern schon von Max Frisch, wie wir jetzt erfahren, eine Art Ignoranz attestiert wurde.[20] Wir kennen sie aber auch aus Büchern, die der Zensur ausgeliefert waren. Nebenschauplätze freilich, wenn es um Bücher geht, die gewissermaßen aus freien Stücken auf ihre Lesbarkeit verzichten. Ansatzpunkt dazu ist oft genug die Grammatik, jene »unkontrollierte Logik des Geistes«, wie Michel Foucault sie nennt.[21]

Gehen wir einmal von Nietzsches Diktum aus: »Die ›Vernunft‹ in der Sprache: oh was für eine alte betrügerische Weibsperson! Ich fürchte, wir werden Gott nicht los, weil wir noch an die Grammatik glauben«[22], dann dürfen wir die Vermutung haben, dass es die Hofnarren der Literatur sind, die auf ihre Weise und mehr oder minder radikal versuchen, Gott endlich loszuwerden. Das wäre die Fortsetzung der Strategie Nietzsches mit literarischen Mitteln. In den Worten Albrecht Schönes: »Wenn eine ›postmoderne‹ Literaturtheorie nach Nietzsches ›Fröhlicher Wissenschaft‹ vom ›Tode Gottes‹ und nach der Verabschiedung einer gottgleich-allwissenden Erzählfigur aus der modernen Literatur inzwischen auch und überhaupt den ›Tod des Autors‹ verkündet und die Dekonstruktion der Texte bis zur Sinnauslöschung treibt, dann mag ja sein, daß man damit eine letzte Bastion auch des Gottesgedankens zu schleifen versucht«.[23] Schönes Hinweis auf die *postmoderne Literaturtheorie* lässt eine gewisse Halbherzigkeit erkennen. Er ist jedenfalls nicht eben von Sympathie für jene Literatur der *Sinnauslöschung* getragen, die uns gerade interessiert. Aus Schönes Worten spricht offenbar der Literaturhistoriker oder Literaturwissenschaftler, nicht aber der Literaturkritiker. Der weiß sich mit Georg Simmel darin einig, dass das »Geheimnis – das durch positive oder negative Mittel getragene Verbergen von Wirklichkeiten – […] eine der größten geistigen Errungenschaften der Menschheit« sei.[24] Er und seine Kollegen im Geiste suchen ihren Anteil an dieser Errungenschaft, als ob diese Texte einer Offenbarung nahekämen.

Nur die von diesem Kreis Ausgeschlossenen würden sagen: Je geringer der Sinn, desto höher das Lob. Die Mitglieder dieses Clubs scheinen sämtlich über ein phänomenales Arbeitsgedächtnis zu verfügen, denn sie alle müssen in der Lage sein, den Sinn einzelner Sätze selbst dann zu erfassen, wenn die Lesedauer deutlich über die rund zwei Sekunden währende Speicherkapazität des Kurzzeitgedächtnisses hinausgeht.[25] Die Überstrapazierung der Gedächtnisleistung gerade in der deutschen Sprache hat schon Schopenhauer verspottet:

»Durch jene langen, mit in einander geschachtelten Zwischensätzen bereicherten und, wie gebratene Gänse mit Aepfeln, ausgestopften Perioden, an die man sich nicht machen darf, ohne vorher nach der Uhr zu sehen, wird eigentlich zunächst das Gedächtniß in Anspruch genommen; während vielmehr Verstand und Urtheilskraft aufgerufen werden sollten, deren Thätigkeit nun aber gerade dadurch erschwert und geschwächt wird. Denn dergleichen Perioden liefern dem Leser lauter halb vollendete Phrasen, die sein Gedächtniß nun sorgfältig sammeln und aufbewahren soll, wie die Stückchen eines zerrissenen Briefes, bis sie durch die später nachkommenden, respektiven andern Hälften ergänzt werden und dann einen Sinn erhalten. Folglich muß er bis dahin eine Weile lesen, ohne irgend etwas zu denken, vielmehr bloß Alles memoriren, in der Hoffnung auf den Schluß, der ihm ein Licht aufstecken wird, bei dem er nun auch etwas zu denken empfangen soll«.[26]

Wir sind gewohnt, in Schrift, Wort und Buchstabe sinnvolle, nachvollziehbare und dem Verstande zugängliche Informationen vorzufinden. Hier aber ist die Lust eine andere – und es lässt sich herausfinden, welche. Jedenfalls halten sich die Autoren dieser Bücher nicht an die allgemein gültigen Spielregeln, sie sind Spielverderber. Harmlos sind sie nicht, oder jedenfalls nicht immer. Denn indem sie die Spielregeln brechen, öffnen sie den Blick auf eine verstörende Dialektik: »Die Logik« des Spiels, betont Johan Huizinga, »wird nur zusammengehalten durch etwas, was außerhalb der Vernunft liegt. Für die Betätigung des spekulierenden Geistes ist immer ein Spielfeld abgesteckt.«[27] Soweit, so gut. Nun aber kommt das Eigentliche: »Wer sich nach draußen wagt, steht vor dem Abgrund des Unsinns.«[28] Mit anderen Worten: Der Spielverderber wird zum Störenfried, da er uns den Ort des Unsinns vor Augen führt und gleichwohl nicht verrät, welches der wahre Ort, welches der falsche ist – und uns irgendwo dazwischen als Verwirrte zurücklässt. Dieser liebevollen Anwendung der *Betätigung des spekulativen Geistes* und also den notorischen Spielern sowie unserem Klub der Fans unlesbarer Bücher benachbart wäre wohl auch das einstige Collège de 'Pataphysique. Dieses Kollegium erlauchter Schriftsteller und Maler machte sich von seinem Anfang im Jahr 1948 an die schweifende Phantasie des Erfinders der 'Pataphysique, Alfred Jarry, zu eigen, wie sie dessen *König Ubu* und seine »Wissenschaft von den imaginären Lösungen« bezeugen. Das Collège erregte Aufmerksamkeit freilich eher durch künstlerische als durch deutende Absichten. Aber sie alle – von Raymond Queneau, Marcel Duchamp, Jean Dubuffet, M. C. Escher, Boris Vian, Eugène Ionesco bis Georges Perec und sogar Umberto Eco, um nur einige zu nennen[29] – erlagen leidenschaftlich der »Versuchung des Geistes«, so der Untertitel von Klaus Ferentschiks Buch über die *'Pataphysique*. Nicht zu vergessen sei die 1960 aus dem Kollegium hervorgegangene Werkstatt für potentielle Literatur Oulipo (Ouvroir de littérature potentielle), deren Mitglieder mit dem Gedanken, dass Literatur mechanisierbar sei, lustvoll Ernst machten.[30]

Erkennungszeichen all dieser Kollegiums- und Klubmitglieder ist die Hochpreisung solcher Bücher, die das Normalmaß sprengen, und die begeisterte Arbeit an einer Überwindung linearen Erzählens. Offenbar gibt es einen Geheimcode interner Verständigung, eine Art Gradmesser nach dem Motto Nietzsches: »[...] das Glück der unklaren [Schriftsteller ist], dass der Leser sich an ihnen abmüht und die Freude über seinen Eifer ihnen zugute schreibt«.[31]

Das Privileg, Mitglied dieses exklusiven Klubs zu sein, setzt zugleich auch den Ausschluss aller anderen voraus, der Ignoranten und Toren eben – ein uraltes Unterscheidungsmittel von Verschwörungstheoretikern aller Couleur[32]: »Und so ist niemand«, beschied der mittelalterliche Theologe Hugo von St. Victor seinen Zeitgenossen, »dem die Werke Gottes nicht wunderbar erscheinen, auch wenn der Törichte in ihnen nur die äußere Gestalt bestaunt, während der Weise an dem, was er von außen sieht, den tiefen Gedanken der göttlichen Weisheit erwägt, so als wenn an ein und demselben Buch der eine die Farbe und Gestalt der Schriftzeichen hervorhebt, während der andere deren Sinn und Bedeutung lobt«.[33] Immerhin hat ja schon der liebe Gott seinerzeit mit seinem Finger das ganze Buch der Natur und der Erscheinungswelt geschrieben – da darf man in der aufgeklärten Welt den Autor gerne an dessen Stelle setzen und sein Produkt eben auch als eine Quelle der Erkenntnis bzw. zumindest der Lust annehmen, die nicht jedem und insbesondere nicht dem Laien, zugänglich ist. Im Übrigen muss man wahrlich nicht ins Mittelalter zurückgreifen, um den Mechanismus zu erklären. Georg Simmel: »Aus dem Geheimnis [...], das alles Tiefere und Bedeutendere beschattet, wächst die typische Irrung: alles Geheimnisvolle ist etwas Wesentliches und Bedeutsames«.[34] Und nichts geht über die Hoffnung, die Idee selbst zu erkennen und sich ihrer als würdig zu erweisen, wie uns Schopenhauer belehrt:

»[…] vom Individuo als solchem wird sie [d. h. die Idee, Anm. des Verf.] nie erkannt, sondern nur von Dem, der sich über alles Wollen und alle Individualität zum reinen Subjekt des Erkennens erhoben hat: also ist sie nur dem Genius und sodann Dem, welcher durch, meistens von den Werken des Genius veranlaßte, Erhöhung seiner reinen Erkenntnißkraft, in einer genialen Stimmung ist, erreichbar: daher ist sie nicht schlechthin, sondern nur bedingt mittheilbar, indem die aufgefaßte und im Kunstwerk wiederholte Idee Jeden nur nach Maaßgabe seines eigenen intellektualen Werthes anspricht; weshalb gerade die vortrefflichsten Werke jeder Kunst, die edelsten Erzeugnisse des Genius, der stumpfen Majorität der Menschen ewig verschlossene Bücher bleiben müssen und ihr unzugänglich sind, durch eine weite Kluft von ihr getrennt, gleich wie der Umgang der Fürsten dem Pöbel unzugänglich ist.«[35]

Ein Adelsklub also, oder, wie Stanisław Lem erkennt, eine Glaubensgemeinschaft.[36] Fast täglich feiert sie fröhliche Urständ, man lese einmal die Rezensionsnotizen zu Bora Ćosićs polyphoner Familiensaga *Die Tutoren* im *Perlentaucher.*[37] Dies ist ein Buch, dessen »zentrales Organisationsprinzip das Aufzählen ist«, wie Alida Bremer in dem Begleitband zu den *Tutoren* betont.[38] »Trotz des Fehlens der ›normalen Prosa‹, das heißt einer linearen Erzählung«, so weiter, lasse sich immerhin eine aus fünf Kapiteln bestehende Handlung rekonstruieren. »In diesem ganzen Pentateuch, das – wie auch jenes von Moses – mit der Entstehung beginnt und mit den Gesetzen aufhört, vom allerersten Wort im Buch (›das Wort‹) bis zum letzten – einem dadaistischen Klang (›zapt‹), vom Lexikon bis zum Gesetzesbuch, vom logos des Theodor bis zum nomos des ›Autors‹, gibt es keine einzige Seite mit ›normaler‹ Prosa«.[39]

Die Fans schwieriger Bücher sind sämtlich ausgefuchste, ausgemachte Exegeten, Hermeneutiker, Allegoriker und Kryptologen, mehr oder minder jeweils in Personalunion, oft auch selbst problematische Naturen im Sinne Gustav René Hockes, der sie dem »Kult des Disharmonischen«[40] zurechnet. Es gibt allerdings auch, dies sei nicht verschwiegen, erklärte Gegner dieses Fanclubs, jedenfalls wenn sie derartig massiv auftreten wie diejenigen der Werke Arno Schmidts. Oswald Wiener, der österreichische Schriftsteller, Kybernetiker und Sprachtheoretiker, der mit seiner *Verbesserung von Mitteleuropa* seinerseits einen extrem schwer lesbaren Roman vorgelegt hat, ließ sich zu einem Pamphlet gegen Arno Schmidt unter dem Titel *Wir möchten auch vom Arno-Schmidt-Jahr-profitieren* hinreißen, in dem er unter anderem schrieb: »die kleine (längst vergriffene) auflage von ZETTELS TRAUM – 2000 stück – wendet sich wohl an die SCHMIDT-gemeinde und soll vielleicht auch an den stil erinnern, in welchem früher sotadika [Schriften pornographischen und obszönen Inhalts, Anm. des Verf.] herausgegeben worden sind…«.[41]

Wenn manche dieser Bücher auch große Wirkung haben, so leben viele von ihnen doch ein Eigenleben; manche sind Parias der Literatur, manche Hofnarren derselben, andere fahrende Gesellen, die mal hier auftauchen, mal dort, sprich: als Geheimtipp durch die Lesegemeinde geistern, durch Hören-Sagen vermittelt werden, mit dem Nimbus des

Geheimnisvollen umgeben sind. Bücher dieser Art ziehen sich in sich selber zurück, sie können, ja manche wollen gar nicht mehr von außen, von einem Leser, verstanden, kurz: sie wollen gar nicht mehr gelesen werden. Vielleicht aber doch – und dann: von wem? Und vor allem: Welche Art von Welterschließung vollzieht sich durch ein Buch, das eigentlich nicht verstanden werden will? Wir haben es hier wohl mit einem ähnlichen Abschied von dem jeweiligen Mainstream zu tun wie in der Malerei und der Musik. Viele dieser Künste werden selbstreferentiell, kreisen in sich selber, brauchen das Außen, den Betrachter, Hörer oder Leser gar nicht: »Das Ideal mancher Autoren«, beschwerte sich Jules Romains, »ist offensichtlich eine Literatur ohne Leser«.[42] Wie dem auch sei, es ist vielleicht der entscheidende Schritt in die Autonomie. »Diese Dichtung«, schreibt Ernst Jandl über die »moderne Weltdichtung« des Wiener Kreises, »ist weder messbar an einer außersprachlichen vorgestellten Welt, noch messbar an den Verbindlichkeiten einer zur praktischen Mitteilung dienenden Sprache. Sie ist autonom, zu messen nur an ihren eigenen Beispielen«[43], wie z. B. Hans Wollschlägers *Herzgewächse*, ein Buch, das Fragment geblieben ist. Der österreichische Literaturwissenschaftler Andreas Weigel hat das Buch einen »faszinierenden Roman« genannt, der »es faustdick hinter den Worten« habe. »Als absolute Literatur«, so Weigel, »reden die Herzgewächse bewusst in sich von sich mit sich selbst, wodurch sie zugleich ihre eigene Sekundärliteratur sind«.[44] Solche Bücher sind jedoch, so jedenfalls sah es einst der Verfasser des *Nürnberger Trichter*s, Georg Philipp Harsdörffer, bei aller

Eigenwilligkeit und allen Hindernissen des Verstehens, die sie aufbauen, Ergebnisse einer »Vernunft-Kunst«[45], deren Produkt ein Irrgarten ist. In ihm stehen die Wegmarken nicht für den Ausweg, sondern für die nächste Verirrung, da die rationalen Referenten weggefallen oder obsolet geworden sind. Musterbeispiel dieser selbstreferentiellen Vernunft ist, das wird kaum überraschen, das Labyrinth. Es definiert sich schließlich geradezu über den Weg zu sich selbst. Immerhin: Dädalus, der Erbauer des maßstabsetzenden Labyrinths, hat nicht umsonst diese Spielart des Unendlichen als Abbild der Welt – und manche sagen: als Abbild der Unterwelt – entworfen. Seither gilt jedenfalls das Labyrinth als Urform einer selbstreferentiellen Architektur. »Das Labyrinth«, schreibt der Literaturwissenschaftler Matthias Hennig, »bleibt [...] für die Figuren ein sich jeder Bestimmbarkeit und Vereinnahmung entziehendes schwarzes Loch im Textgefüge, ein Gravitations- und Energiezentrum, das alles Bedeutungshafte in sich aufzusaugen versucht, indem es das vertraute Raum-Zeit-Gefüge demontiert und damit jede letztgültige Erkenntnis verwehrt. Die semantische Unsicherheit und Unlösbarkeit, die unzugängliche Leerstelle, die jedes literarisch realisierte Labyrinth in sich birgt und aus sich heraus öffnet und die zum Dreh- und Angelpunkt, zum systematischen Nullpunkt des ganzen Textes werden kann, muss in irgendeiner Weise wieder mit Sinn gefüllt werden«.[46] Das ist offensichtlich kein leichtes Unterfangen, wie uns Friedrich Dürrenmatts Anmerkung im *Winterkrieg in Tibet,* dieser düsteren Ich-Suche in den Tiefen der Erde, zeigt. Hier hat er seine Sicht auf das Labyrinth dargelegt und in gewisser Weise auch eine Sammlung allgemeingültiger Aspekte labyrinthischer Motive aufgezeigt, so die Vorstellung, dass der Eintritt ins Leben selbst eine Identifikation mit dem Labyrinth darstelle; ein »Urprotest«, schreibt er, »[...] gegen meine Geburt; denn die Welt, in die ich hineingeboren wurde, war mein Labyrinth, der Ausdruck einer rätselhaften, mythischen Welt, die ich nicht verstand«.[47]

Das Rätsel des Selbst in einer Welt, die unverständlich ist und es womöglich immer bleibt, lässt sich für die Autoren – so der Meister des verwilderten Schreibens, Arno Schmidt – als ein System der »Dauer=Emanation von dem [verstehen], was [die Autoren] für den wertvollsten Teil ihrer Individualität halten – ‹Kapellmeister Kreisler›, ‹Old Shatterhand›, ‹Stephen Dädalus›«.[48] In derartigen Texten tritt der Autor jeweils mehrfach auf, nicht immer leicht erkennbar, aber nachweisbar. »[S]obald es ihnen ‹äußerlich schlecht geht›«, begründet Arno Schmidt den Schritt zur Dauer-Emanation, »verlagern sie dieses ihr immer wieder und ganz auffällig bevorzugtes Teil=Ich=Ideal in eine erdachte ‹Andere Welt›; präziser wohl : in für sie irgendwie gefahrvollen Situationen tendieren sie dahin, ihre Persönlichkeit bezwecks [sic!] ‹Lebensrettung› zu zerlegen, sie gewissermaßen zur sichereren Aufbewahrung zu ‹verteilen›, und ‹Das Ganze› lediglich noch durch das (freilich sehr starke!) Band eines ‹Längeren Gedankenspiels› zusammen zu halten.«[49] Weiter heißt es dann:

»Natürlich ist so ein Buch im Grunde der erschütternde Versuch, die rapide Auflösung der eigenen Persönlichkeit aufzuhalten; die Maschen=alle noch einmal zusammenzustricken in 1 Gewebe, in die sicht= und anfaßbare Einheit eines Buchklumpens.

Grundsätzlich wird zur Tarnung, (auch zur juristischen; man vergesse das nie), ein neues ‹Binnenreich› erfunden, mit eigener Historie & Mythologie; Schwärme von Ekelnamen läßt man gegen die verscheusalten ‹Feinde› aufsteigen; bis das Ganze schließlich einem großen Maskenball ähnelt – vom Leser aus gesehen, die Herausforderung zu einem der reizvollsten Duelle zwischen Verfasser & Entzifferer.«[50]

Erkennen wir das Schreiben als einen Prozess, dann lässt sich im Sinne der Systemtheorie von einem offenen System sprechen, das durch die Arbeit des Schriftstellers in ein geschlossenes System überführt wird. Dieser Schritt vollzieht sich unausweichlich beim Schreiben. Der Übergang vom offenen zum geschlossenen System ist gleitend, und das bedeutet, dass die »Attraktoren«, wie der österreichische Physiker und Mitbegründer der Kybernetik, Heinz von Foerster, das formuliert hat, jeweils von unterschiedlicher Stärke sind.[51] Der Übergang bewegt sich zwischen Chaos und Ordnung, irgendwo dazwischen stehen unsere Texte. Die Frage ist: Wer oder was bringt den Prozess zum Stillstand und an welcher Stelle? Hier nun spielen zahlreiche Faktoren mit, nicht zuletzt der Zufall. Und vor allem: die Leser. »Wir behaupten«, schreibt Stanisław Lem in seiner *Philosophie des Zufalls*, »daß ein neues Werk *nicht sofort ein Werk ist,* sondern erst im Umgang mit den Lesern zum Werk wird. *Immanente* Qualitäten werden in dem Maße entdeckt, in dem sie – nicht notwendigerweise durch bewußte Entscheidungen – festgelegt werden. Weniger avancierte Schöpfungen werden aufgrund der Ähnlichkeit zu rezeptiv bereits stabilisierten Werken wiedererkannt. Ein neues Werk ist also in den Augen der Rezipienten ein formloses, uneindeutiges, zuweilen auch sinnloses Gebilde«.[52] Die immanenten Qualitäten des Werks, die wir festlegen, sind indes zwangsläufig auf die sprachliche Vermittlung angewiesen. Aber, so lernen wir schon bei Fritz Mauthner, die Schriftlichkeit ist nicht immer auch ein Raum sprachlicher Freiheit. Im Gegenteil:

»Wenn wir nun eingesehen haben, daß die syntaktischen Formen um so strenger nach den Regeln der Grammatik angewandt werden, je mehr sich unsere Gemeinsprache der künstlichen Sprache der Schriftsteller, Professoren und Redner nähert, so werden wir jetzt begreifen, daß das eigentliche Feld der Syntax die völlig tote, nur für die Augen vorhandene, unwirkliche Schriftsprache (in beschränktem Sinn) ist. Es ist also gar nicht verwunderlich, wenn die zufällige, von uns gar nicht mehr mitempfundene Syntax einer toten Sprache, wie des Lateinischen, zum Musterbilde unserer Büchersprache geworden ist. Weiter konnte sich die menschliche Sprache von ihrer ursprünglichen Aufgabe nicht mehr entfernen: durch Töne Vorstellungen zu erwecken. […] Durch solche Gedanken muß man […] zu der Überzeugung gelangen, daß die zufälligen syntaktischen Kategorien unserer zwischen Mittelmeer und der Gegend von Island gerade in diesem Augenblicke gebrauchten Sprachen, daß unsere syntaktischen Regeln für die immer noch behauptete Aufgabe der Sprache, für die Welterkenntnis, nicht mehr Bedeutung haben als etwa die Figuren eines

Kontretanzes für Gefühle, die ein Liebespaar zu dem Tanze zusammenführen mögen. Mag der Tanzmeister sich ärgern, wenn das Paar Brust an Brust gepreßt die Figur vergißt oder gar vergessen hat, daß der Walzer keine Polka ist, der Dreitakt kein Zweitakt. Die beiden Leute werden sich auch im Zweitakt verstehen«.[53]

Um das Verstehen geht es natürlich, und eben nicht nur im Zweitakt, sondern im Großen und Ganzen, und das wird immer schwieriger, je mehr die Sprache der immer komplexer werdenden Wirklichkeit hinterherhinkt. Umso mehr interessieren uns die Zeugnisse jener, die das Wagnis eingehen, »sich durch das härteste Gestein«[54] zu zwingen, um uns das wahre Verhalten der Dinge zu vermitteln. Ihnen setzen wir uns auf die Spur.

Welterkenntnis – dieser großen Aufgabe hat sich gewiss nicht jeder verschrieben, der seine Sprache benutzt; ja, wer will denn heutzutage überhaupt noch Welterkenntnis gewinnen, ein derartig anstrengendes Ziel? Wir wissen doch, dass wir uns in diesen Zeiten der Wissenskulturen schon längst in einer Krise des Erkenntnis-Begehrens befinden. Wo Erkenntnis war, soll Wissen werden. Dieser Prozess allein stiftet leider keinen Sinn, das schaffen erst Sätze, die einen Zusammenhang herstellen. Aber wer schreibt heute noch ganze Sätze? Immer stürmischer setzt sich, bedauern mag man es immerhin, die Verstümmelung der Sprache durch SMS, Twitter und Mailverkehr durch, die Verkürzung des Deutschen schreitet recht munter voran und mit ihr die Chance, die Wirklichkeit abzubilden.[55] Wer es doch versucht, verirrt sich leicht und hinterlässt uns ein Chaos, manchmal mit höchsten Ansprüchen, manchmal mit trivialsten Produkten.

Sprechen wir also vom Verschwinden der Wirklichkeit und der Suche nach ihr in der Literatur. Am Anfang des vorigen Jahrhunderts läutete Marcel Proust mit seinem Roman *À la recherche du temps perdu* literarisch das Thema jenes Jahrhunderts ein: den Verlust alter Gesellschaftsordnungen, den Untergang der bürgerlich geprägten Welt. Das Jahrhundert verschaffte sich radikal Platz, indem es noch mit seinen eigenen Utopien Krieg und Zerstörung produzierte. Eine neue, wirklich konkrete Utopie ist nach der radikalen Aufräumarbeit der Zeitläufe nicht gefunden, und es bietet sich keine praktikable neue Gesellschaftsordnung an. Was bleibt, ist die Rekonstruktion der Wirklichkeit durch Erinnerung.

Das Ende des Jahrhunderts hat auch Hermann Broch als einen »Zerfall der Werte«[56] wahrgenommen und fragt: »Hat dieses verzerrte Leben noch Wirklichkeit?«[57] Konkrete und imaginierte Verluste gehen Hand in Hand, die Wirklichkeit kann sich, so kann man Zygmunt Baumann verstehen, nicht setzen:

»Die Moderne ist von Natur aus eine Grenzzivilisation, die sich selbst über die beharrliche Eroberung von neuem Land und durch die sich ständig erneuernden Einladungen – oder Vorwände – zur Grenzüberschreitung immer wieder neu erschafft und sich somit fortlaufend verjüngt«.[58] Notwendigerweise geht es auch im Zusammenhang mit Wirklichkeit und Zeit um eine Art von Organisation; wir müssen das Land der Wirklichkeit vermessen, Grenzen festlegen, verschieden gewichtete Räume abschreiten, um das zu bestimmen, was wir unter Wirklichkeit verstehen. Dabei nimmt der Raum eben eine zentrale Funktion ein. Wird nicht, traditionell gesprochen, Wirklichkeit durch die Ausdehnung von etwas, also durch Körperlichkeit, durch Raum konstituiert? Müssen wir ihn nicht er-fahren? Und ist nicht Begrifflichkeit, die ja ursprünglich mit Ausdehnungsvorstellungen zusammenhing, durch Differenzierung erkennbar? Von Anfang an nehmen wir Maß, um der Wirklichkeit habhaft zu werden. Das kann beispielsweise unter dem Eindruck des kosmischen Ganzen geschehen wie bei den Griechen, durch die Raumerfindung der Perspektive wie in der Renaissance, durch die Mathematik wie in der Aufklärung oder durch seelische Tiefenlotung der Psychologie, jede Epoche hat ihre eigenen Modelle. Was wir erhalten, sind jeweils Wirklichkeiten unter wechselnden Aspekten, je nachdem, welchen Raum wir eigentlich suchen oder definieren: den physikalischen Raum oder den Erfahrungsraum, den jeder Einzelne im Laufe seines Lebens abschreitet, den Raum der Phantasie, den man sich erschaffen und erschließen kann, usw.

Die womöglich bestürzende, in jedem Fall erregende Vorstellung vom Verschwinden der Wirklichkeit wirft Fragen auf. Wer immer sie, aus welcher Richtung auch immer, stellt, erhält höchstens Teilantworten ohne dauerhafte Gültigkeit. Das gilt für das vergangene Jahrhundert, das gilt umso mehr heute. Wenn wir von neuen oder verschwindenden Wirklichkeiten sprechen, dann meinen wir eine Welt, deren Wahrnehmungsbedingungen durch Fernsehen und Computersimulationen, durch Bildschirm und Interfaces bestimmt wird.[59] Es geht mit anderen Worten nicht um den *konkreten* Realitätsraum hier und den *virtuellen* Realitätsraum dort, sondern um das Verhältnis zwischen beiden – also, genau genommen, um einen Raum zwischen den Räumen. Wo ist der angesiedelt? Ist das der Raum der Atmosphäre, wie Gernot Böhme vorgeschlagen hat?[60] Oder bloße *Schnittstelle*, also im Grunde ein Nicht-Raum? Oder stellt ihn womöglich erst der Mensch mit seinen Wahrnehmungsoperationen her? Wir diskutieren schon lange ebenso über die Metaphysik der Präsenz und der Absenz wie über das Ende der klassischen philosophischen Kategorien. Die sicheren Orte – oder Standpunkte – haben wir schon lange verlassen.

»Es war spätabends, als K. ankam. Das Dorf lag in tiefem Schnee. Vom Schloßberg war nichts zu sehen, Nebel und Finsternis umgaben ihn, auch nicht der schwächste Lichtschein deutete das große Schloß an. Lange stand K. auf der Holzbrücke, die von der Landstraße zum Dorf führte, und blickte in die scheinbare Leere empor.«[61] So beginnt Franz Kafkas Roman *Das Schloß*. Man erinnert sich: Der arme Landvermesser K. versucht immer aufs Neue vergeblich, dieses Schloss, von dem er laufend Botschaften erhält, zu erreichen. Aber die Straße »führte nur nahe heran, dann aber, wie absichtlich, bog sie ab, und wenn sich auch das Schloß nicht entfernte, so kam sie ihm doch auch nicht näher.«[62] Das Schloss, ein Un-Ort, eine U-topie, eine dieser Heterotopien, wie sie Michel Foucault als »Länder ohne Ort und Geschichten ohne Chronologie« beschrieben hat?[63] Oder ein imaginärer Ort, ein Sehnsuchtsort, ein Möglichkeitsraum? Eine labyrinthische Ferne? Alle Deutungen sind möglich, viele auch angestellt worden; Kafkas Schloss bleibt bis heute ein Rätsel. Immerhin, eines ist klar: Es ist der Landvermesser K., in dem sich konkreter und virtueller Raum treffen. Wir stehen vor einer Parabel für die Rätselhaftigkeit der Wirklichkeit selber, um nicht zu sagen: der Täuschung und Selbsttäuschung. »Ich schreite kaum – / doch wähn' ich mich schon weit«, sagt Parzifal in Richard Wagners Oper, und Gurnemanz antwortet: »Du siehst, mein Sohn, / zum

Raum wird hier die Zeit«. Es ist eine höchst prekäre Position, in der sich der Mensch befindet. Und dies selbst dann, wenn er, aus welchen Gründe auch immer, bloßer Zuschauer bleibt: »Ihr seid mir nur ein Fluß, auf dem ein Nachen weiterschwimmt: im Nachen aber sitzen die vermummten Werthschätzungen, die feierlichen«.[64]

Wenn wir von *der Wirklichkeit* sprechen, dann verstricken wir uns schnell in eine Fülle von Absonderlichkeiten. Zumeist verhält sich die Wirklichkeit anders, als sie es der rationalen Argumentation nach tun müsste. Nehmen wir sie als Konkretum, dann dürfte sie, nach dem Prinzip der Erhaltung der Energie, nicht verschwinden; nach Hegels Satz aus der *Enzyklopädie* tendiert sie aber zur Selbstauflösung, denn: »Alles Endliche ist diß, sich selbst aufzuheben«.[65] Mit anderen Worten: Das Problem lässt sich nur dialektisch oder prozesshaft lösen. Offenkundig ist Wirklichkeit eine Art Raum, in dem sich Reales und Virtuelles begegnen. In neuer Terminologie: Wirklichkeit ist die Schnittstelle von Realität und Virtualität. Das Subjekt dieser Wirklichkeit als Schnittstelle ist eben ein Wesen vom Typ des Kafka'schen Landvermessers.

Das Verschwinden der Wirklichkeit unter dem Aspekt seiner Räume meint zumindest das Verkümmern des konkreten Raumes zugunsten des virtuellen. Sie beginnt, das wissen wir seit langem, mit der Überwindung der narrativen Linearität, die identisch ist mit dem Ende der Gutenberg-Galaxis: »The Gutenberg galaxy was theoretically dissolved in 1905 with the discovery of curved space, but in practice it had been invaded by the telegraph two generations bevor that«.[66] Gegen diesen Verfall der Wirklichkeit, genauer: der Wirklichkeiten, schreiben unsere Autoren an. Sie kämpfen mit allen Mitteln, um das unüberschaubare, sich ständig verändernde Weltganze in Sprache, und das heißt eben auch: in ganze, zum Teil geradezu maßlose Sätze zu übertragen, wie etwa Arno Holz, David Jones oder Hermann Broch, denen wir uns hier zunächst zuwenden wollen. Keine Frage, sie wollen verstanden werden, Botschaften aussenden – und doch machen sie es uns nicht ganz leicht. Aber wir lieben ja diese Bücher, die ins Unendliche streben und dabei den Boden unter den Füßen nicht nur verlieren, sondern auch noch in Sprache fassen.

Arno Holz: Phantasus

»Eine Lyrik, die auf jede Musik durch Worte als Selbstzweck verzichtet und die, rein formal, lediglich durch einen Rhythmus getragen wird, der nur noch durch Das lebt, was durch ihn zum Ausdruck ringt. Eine solche Lyrik, die von jedem überlieferten Kunstmittel absieht, nicht, weil es überliefert ist, sondern, weil sämtliche Werthe dieser Gruppe längst aufgehört haben, Entwickelungswerthe zu sein, habe ich in meinem Buche versucht«[67] – das Buch war *Phantasus* und sein Autor der »Vater der Moderne«[68], Arno Holz. Als Holz seine »Selbstanzeige« in der Zeitschrift *Die Zukunft* veröffentlichte, steckte *Phantasus* gewissermaßen noch in den Kinderschuhen, eine Sammlung mit wenig mehr als insgesamt 50 Gedichten war 1898/99 erschienen.[69] 1929, am Ende seines Lebens aber hatte Arno Holz in emsiger Umsetzung seiner

Theorie und »durch ein kompliziertes (und oft abstruses) System vokabulärer Reihungen, Ballungen und durch eine (der gewohnten Syntax auferlegte) Algebra sprachstatistischer Verhältniswerte«[70] aus der schmalen Erstfassung des *Phantasus* ein 1300-seitiges Werk geschaffen. Die Fassung von 1916 – sie repräsentiert den Arbeitsprozess nach der ersten Veröffentlichung – beginnt, in der berühmt gewordenen Mittelachsenanordnung, als ein Blick in große zeitliche Ferne:

»Sieben Billionen Jahre vor meiner Geburt
war ich eine Schwertlilie.

Meine suchenden Wurzeln
saugten sich
um einen Stern.

Aus seinen sich wölbenden Wassern,
traumblau,
in neue, kreisende Weltenringe,
wuchs
stieg, stieß,
zerströmte, versprühte sich –
meine dunkle Riesenblüte!«[71]

Und nun beginnt eine Wortkomposition, in der sich der Autor, wie er in einem Brief an den österreichischen Schriftsteller Karl Hans Strobl schrieb, »unaufhörlich in die heterogensten Dinge und Gestalten«[72] zerlegt. In diesem Brief vom Juni 1900 umreißt er sein Programm:

»Wie ich vor meiner Geburt die ganze physische Entwicklung meiner Spezies durchgemacht habe, wenigstens in ihren Hauptstadien, so seit meiner Geburt ihre psychische. Ich war ›alles‹ und die Relikte davon liegen ebenso zahlreich wie kunterbunt in mir aufgespeichert. Ein Zufall, und ich bin nicht mehr Arno Holz, ›der formale Erneuerer der modernen deutschen Poesie‹, dessen mißglückte Zinkotypie der letzte Literaturkalender brachte, sondern ein beliebiges Etwas aus jenem Komplex. Das mag meinetwegen wunderlich ausgedrückt sein, aber was dahinter steckt, wird mir ermöglichen, aus tausend Einzelorganismen nach und nach einen riesigen Gesamtorganismus zu bilden, der lebendig aus ein und derselben Wurzel wächst.«[73]

Von der Wurzel bis zur Krone – das ist ein weiter Weg, und die Fallhöhe von oben nach unten ist mitunter gewaltig. Freilich wird er erst im Zuge des bis zum Tode dauernden Schreibprozesses wirklich ausgeschritten. Genauer gesagt: zwischen gedanklichen und sprachlichen Bildern und dem Slang der Berliner Vorstadt, zwischen äonenartigen Dimensionen und profansten Sekundeneindrücken spielen sich die Metamorphosen der dichterischen Existenz schlechthin ab. Denn der Dachstubenpoet Phantasus ist eben der Phantast, der Träumer, der in der griechischen Mythologie der Sohn des Schlafes ist, »welcher den Menschen im Schlafe die leblosen Dinge vorzustellen pfleget«, so das mythologische Lexikon von Benjamin Hederich.[74] Tatsächlich aber sind es nicht nur die leblosen Dinge, sondern alle Erscheinungen des Traumes. So reiht sich Bild an Bild, Traumsequenz an Liebesmetapher, Landschaft an Stadtszenerie, Hohes an Tiefes, Schönes an Kitschiges. Einer Art Flug-Traumreise über den Hindukusch folgen Genreszenen aus Berlin, von der Arbeiteridylle zur Katastrophe:

»Überm Bett, eingerahmt, hängt der Myrtenkranz.

Vor Jahren
stand am Fenster mal die Nähmaschine,
ein Kanarienvogel sang.
Zwischen zwei friedlichen Öldruckbildern,
rechts ›Das Waldtal‹, links ›Die Quelle‹,
als einziges Prunkstück,
ein stilles Familienidyll,
tickte
der Regulator.

Jeden Morgen,
wenn mit ihrem gellen, unerbittlich langhin heulenden
Schrillpfiff die Fabrik
rief
im Sommer gings noch,
aber im Winter
durch dunkles Schneetreiben und Kälte,
die schwarzen, dick verklumpten Gaslaternen,
jämmerlich flackernd, brannten
noch,
spitze, scharfe Eisnadeln prickelten,
den Kragen hochgeklappt,
die alte, verbeulte, bläulich marmorierte Blechkanne,

kluckernd, unter den Arm geklemmt
in den abstehenden Taschen ein Ende Polnische,
ein Stück Zwiebelleberwurst und zwei Klappstullen,
Tag für Tag,
immer wieder von neuem in die rote, tobende Eisenhölle,
Kolben stießen, Zangen packten, Hämmer wuchteten,
die mehr als zwanzig Zentner schweren,
langen Weißglutkloben sprühten und spritzten –
treufleißig der Vater,
mittags,
mit ihrem strampelnden Jüngsten, vor der weitoffnen
Korridortür, schon oben hoch an der Treppe,
das andre, krahlend, auf allen Vieren die Stufen runter [...]
zwei Glückliche!

Bis,
an einem blauen, frühen, unbarmherzig schönen Maitag,
die Luft schwamm lau,
die zarten, rührend rosa Mandelbäumchen in allen Vor-
gärten blühten,
nach Werder dampften Extrazüge,
ein winzig-glühend täppisches Metalltröpfchen, das ihm
durchs Auge, zischend, ins Gehirn sprang,
die ganze kleine Herrlichkeit
mit einem Ruck
...
Jetzt
ist das alles anders!
Abends,

wenn die rote Lampe brennt,
kommen fremde Herren in das Stübchen;
alte junge, wie's grad trifft.

Du lieber Gott – das Leben!«[75]

Im Detail naturalistisch-linear, im Ganzen labyrinthisch-traumhaft-chaotisch. Der *Phantasus* gehört nicht gleichbedeutend in die Reihe unserer schwer lesbaren Bücher, dazu sind seine Bilder und Traumsequenzen immer noch zu ordentlich aufgereiht. Er steht ihnen gleichwohl dort nicht allzu ferne, wo die konkret fassbare Bildlichkeit in Reihungen, Aufzählungen oder in eine Flut von Wörtern und Klangassoziationen übergeht:

»Der Meister, der Meester, der Maëstro, der Maëstrino
und der Maëstrillo.
Der Maëstrillo, wie immer, ist der Erste.
Tag!! Nabend!! Moin!!
Rinn!!
Seine Knöchel sind blau,
sein karges, arges, fanatisch problematisch mithridiatisch
wachsschmal abgeknabbertes Eulengeschnäbel
tropft,
seine kleinen, janken, bösen, blanken, luchtern mordspitzen Mausäugelchen
über dem knappen, kahlen, fahlen, schmalen
erfreulichst abscheulichst greulichst knickknauserigst
breitgekniffenen Sparbüchsenschlitz«.[76]

Ein großer Erfolg war dem lyrischen Weltgedicht über diesen armen Poeten Phantasus, der zwar über eine Welt von Träumen verfügte, aber der Misere einer kunstfeindlichen und geistlosen Wirklichkeit ausgesetzt war, nicht beschieden. Allein stand Arno Holz mit seinem Bestreben, das Ganze der Menschenwelt als Spiegel der Seele abzubilden, jedoch nicht.

David Jones: *Anathemata*

»ES WAR EINE DUNKLE, STÜRMISCHE NACHT, WIR SASSEN VORM VERFALLENEN GEMÄUER: EINER SAGTE ZUM GESCHICHTENERZÄHLER: ERZÄHL UNS EINE GESCHICHTE! UND DER GESCHICHTENERZÄHLER FING AN: ES WAR EINE DUNKLE, STÜRMISCHE NACHT…«[77] – mit dieser Präambel beginnt *Anathemata*, das heißt mit einer geradezu klassischen Situation, die uns von Anfang an auf jenen »bedächtigen« Ton einstimmt, den Jones für das Sprechen des Textes empfiehlt. Und sie stimmt uns auf eine Erzählung ein, die das Labyrinth erkennen lässt, in das sie uns führen wird. Tatsächlich ist diese gewaltige Erzählung ein Labyrinth aus Real-Geschichte, aus urgründigen Tiefen, aus Mythen, aus jenen heiligen Dingen, »die einen Fluch auf sich genommen haben«, und den profanen Dingen, »die irgendwie erlöst sind: die Köstlichkeiten und Ornamente, beides im primären Sinn des einfach nur Schmückenden, Geweihtes, Votivgaben, Dinge, die gleich nach welchem Brauch geopfert, ›von anderen Dingen ausgesondert sind‹. Dinge, die am Außernützlichen teilhaben, an dem, was umsonst ist. Dinge, die Zeichen von etwas anderem sind und Dinge, die nicht nur Zeichen, sondern zugleich das sind, was sie bedeuten. Dinge, die aufgerichtet, erhoben oder wie sonst immer den Göttern dargebracht werden«[78] – kurz: es sind mehr oder minder allegorische Dinge in jener Tradition, die einen mehrfachen Schriftsinn in sich bergen, vom wörtlich-realen bis zum spirituell-übersinnlich-eschatologischen.[79] In dem *harten* Kern dieser Geschichte geht es um einen Adam, einen alten Mann, so alt, dass er bereits im Ersten Weltkrieg gekämpft haben könnte. Dieser Adam, dessen literarische Ausgestaltung wohl stark von James Joyce beeinflusst worden ist, in gewisser Weise ein Schatten des echten Jones und dennoch nicht er selber, ist ein Konvertit zum Katholizismus, an Kunst interessiert, an Archäologie, Mythologie, christlicher Liturgie. Er reist durch Zeit und Raum, freilich nicht im Allgemeinen, sondern teilweise sogar höchst exakt bestimmt. In mehr oder weniger konzentrischen Kreisen bewegt sich das Epos von ›Rite and Fore-Time‹, über ›Middle-Sea and Lears-Sea‹, ›Angle-Land‹, ›Redriff‹, ›The Lady of the Pool‹,[80] ›Keel, Ram, Stauros‹, ›Mabinog's Liturgy‹ bis zum ›Sherthursdaye and Venus Day‹ (Donarstag und Venustag), und knüpft schließlich an seinen Anfang an. Wesentliches Fortbewegungsmittel ist das Schiff in unterschiedlichen Ausprägungen, historischen Zusammenhängen und sehr unterschiedlichen Bezügen, nicht nur mythologischer Art. Das Epos vollzieht den Aufstieg einer sich stets verwandelnden Christusfiguration, zugleich eine Inkorporation des Dichters selbst, aus den finstersten Tiefen der Zeit in eine durch Mythos, Fabeln und historische Realitäten gespiegelte, und, wie mir scheint, immer spiritueller geprägte wüste Gegenwärtigkeit, die im Übrigen an Arno Holz' miserabel erscheinende Welt erinnert.[81]

Die Parallelen – auch hinsichtlich der Quellen – sind nicht zu übersehen. Hier wie dort überqueren und durcheilen die Protagonisten, die mythischen (und magischen) Figuren, die Dichter selbst Äonen, Meeres-, Welt- und Erdenkreise.

Folgen wir Jones' Adam und seinen Metamorphosen von Fluchtort zu Fluchtort:

»All die wirksamen Zufluchtsorte
in Wallia vel in Marchia Walliae,
ogofau, Höhlen für
Kronos, Owein, Arthur!
Terra Walliae
Buarth Meibion Arthur
Bezirk der Kinder Troja!«[82]

Kryptische Verse, die sich, wie fast der gesamte Text, nur über die Anmerkungen des Autors entschlüsseln lassen, das hat ja schon Auden angemerkt. Sie beziehen sich hier auf den griechischen Schriftsteller Plutarch, der in seiner Schrift über den Niedergang der Orakel mitteilt, Kronos schlafe in einer Höhle in Britannien. Daraus ergibt sich für Jones eine Parallele, denn auch die walisischen Volkshelden Arthur und Owein (Iwein) gehören in die Tradition schlafender Helden, die einst wiederkommen sollen.

Wir streifen bei diesem Flug durch das Geröll von Raum und Zeit mehr oder minder sämtliche mythischen Orte: den

Omphalus und die chthonischen Unterbezirke, die Höhlen von Lascaux, die Begräbnisstätten der Neandertaler:

»Wer sonst?
Und seht, wie sie laufen, die dichtgereihten Formen,
und die Gewölbe von Lascaux erleuchten«.[83]

Hier wie dort ist die Welt nämlich über die Abgründe der Zeit hinweg eine Bühne,

»eine Bühne
für wechselnde Szenen
mit verwandelten Requisiten
für *jeden* Kulissenwechsel
Mal nackt wie eine imaginäre *belle sauvage*
oder ein heutiger
Miriam«.[84]

Der Wechsel in die historische Zeit setzt mit der griechisch-römischen Mythologie und Gründungsgeschichte Roms ein, wir entdecken einen Hinweis auf das »wüste Land« und gelangen so allmählich in

»… die großen Jahre
da sie anfing, unsere
Gute Neue Zeit.
Und schon in jede Ware und Menschenseele
eingebrannt die Zahl:
sexcenti sexaginta sex«.[85]

Erkennbar wird diese neue Zeit eine apokalyptische sein, eine Welt des ungeordneten oder wieder zurückkehrenden Chaos. Jetzt beginnt auch recht eigentlich der Zusammenhang zum Titel des Epos wirksam zu werden: Anathemata, das sind *Weihegeschenke an Gott* – in diesem Falle Gottesgaben zur Besänftigung der (Schiffs-)Reisenden vom Süden eines werdenden Europas in den Westen. Diese Reise in den Westen erinnert mit ihren mythologischen Bezügen an die *translatio artium*, also die Wanderung bzw. Übertragung kultureller Vorherrschaft von Ost nach West.[86] Gleichwohl ist dies eine auch rhythmisch über die Wellenberge hineilende Schiffsreise durch das Mittelmeer und weiterhin

»über's mare, zwischen den Säulen über den Ozean …
ach, du öde öde Zeit
Nordweg ist Abendsee –
beherzt in's
bemövte Grau, westwärts
über Windstochter Welle
über Wellenkind Woge«.[87]

Folgen wir einer Jenseits-, oder folgen wir etwa einer Diesseitsreise? Wir wissen es nicht: Sicher ist, es geht hier um spirituell-mythologisch-realhistorische Metamorphosen, in denen mal dieser jenen, mal jener diesen trifft:

»Aber sag ihm – mit Grüßen von mir
sag ihm – dem alten Jason:
so wahr ich Meister bin, hätt' ich den Job, die Balken zu

verzapfen, an die all unsere Schuld genagelt war,
ich nähm' zu mir
Zeit, das Espenholz quer auf den wurzellosen Baum
zu setzen
oder mich soll der oder jener
... weg ist er
Bis zum Jüngsten Tag
und segelt durch die bitteren Meere der Welt«.[88]

Genauer gesagt: es sind von Anfang an zwei Reisen, eine Jenseitsreise ins Dickicht der Überlieferung von Raum und Zeit, eine Diesseitsreise ins topographisch genaue Hier und Jetzt – eine unendliche Fahrt eben, Seemannsgarn inklusive.[89] Unnötig zu sagen, dass nur die Anmerkungen weiterhelfen. Sie sind insofern unumgänglich, als es Jones in seinem Poem gerade auch um die Wiederherstellung einer verloren gegangenen Schrift bzw. Sprache geht. Wenn er sie schon nicht wieder zum Leben erwecken kann, dann soll sie doch zumindest durch ihre Zeichen, die Gott, das Chaos oder welche Kraft auch immer uns zugedacht hat und die unter Profan-Geschichte und Menschenwelt versteckt sind, erkannt werden. Wir nähern uns damit der wirklich bedeutenden Frage, was Dichtung (noch) leisten kann.

Hermann Broch: *Der Tod des Vergil*

Diese Frage, was Dichtung leisten könne und ob sie überhaupt in Zeiten des Werte- und Wirklichkeitsverlustes noch gerechtfertigt ist, bestimmt Hermann Brochs schriftstellerisches Werk und ist im Grunde das zentrale Thema des Epos vom Sterben des römischen Dichters Vergil. Von der Ankunft des todkranken Dichters in Brundisium an bis zum Entschweben des Wortes ins All läuft alles auf diese Frage hinaus. Dieses gewaltige Werk ist nicht weniger als ein Buch, das die totale Erkenntnis sucht und die Unerklärbarkeit des Kosmos und der Welt findet, ein Buch im Übrigen, in dem sich der Prozess des Sprechens und Schreibens bis zum Verstummen sinnbildlich und buchstäblich erfüllt und das doch den einen oder anderen tapferen Leser aufs Höchste erbaut:

»Nie werde ich die Woge überströmender Begeisterung beim Lesen der Eröffnungsszene vergessen. Sie bestand aus einem einzigen, in Wellenrhythmen sich aufbauenden Satz, der die Einfahrt der kaiserlichen Flotte des Augustus in den Hafen von Brundisium beschrieb. Mit nichts als Sprache war hier eine Wirkung erzielt, die etwas Musikalisches und gleichzeitig Kinematographisches hatte. Von ›meinen Schlangensätzen‹ sprach Broch selbst einmal geringschätzig in seinem Briefwechsel mit dem Freud-Schüler Paul Federn. Es waren diese Schlangensätze, mit denen mir damals die Entdeckung der Langsamkeit des Erzählens widerfuhr«.[90]

So Durs Grünbein in seinem nachvollziehbaren Überschwang. Broch hat nun im Schreiben stets die Erkenntnis gesucht – gerade diese Suche hat ihm das Dichten aber auch zur Last gemacht und ihn zugleich ständig zum Schreiben angetrieben. Dieses Ziel ließ sich eben nicht, wie Broch 1931 an seinen Verleger Daniel Brody schrieb, mit »Wald- und Wiesenromanen«[91] erreichen, sondern nur mit einer neuen

Romanform, dem von Broch mehr oder minder selbst geschaffenen, erkenntnistheoretisch fundierten polyhistorischen Roman. »Sie kennen meine Theorie«, so Broch weiter, »daß der Roman und die neue Romanform die Aufgabe übernommen haben, jene Teile der Philosophie zu schlucken, die zwar metaphysischen Bedürfnissen entsprechen, dem derzeitigen Stande der Forschung aber gemäß heute als ›unwissenschaftlich‹ oder, wie Wittgenstein sagt, als ›mystisch‹ zu gelten haben. Die Zeit des polyhistorischen Romans ist angebrochen«.[92]

Ziel des dichterischen Schreibens ist für Broch die Darstellung der Totalität der Welt; aber zugleich erkennt er die Unmöglichkeit dieses Vorhabens, da er sich gezwungen sieht, »von einer Wertsphäre in die andere zu wechseln, um überhaupt leben zu können, von einem Fiktionsbereich in den andern« und weil das, was überhaupt Leben genannt werden könne, »nämlich Hingabe, uns unmöglich geworden« sei.[93] Immer urteilte Broch als Moralist, in seinen theoretischen Schriften wie in seinen literarischen. Dies macht vielleicht auch die Vergeblichkeit seines Bemühens um Wirkung, insbesondere in Zusammenhang mit den politischen Arbeiten, verständlich: ein geradezu exemplarischer Fall von Vergeblichkeit. Seine Prophetie hatte aus eben diesem Moralismus antiquarischen Charakter; sein ganzes System blieb einzelgängerisch und in gewisser Weise abseitig. Geradezu unzeitgemäß war sein Bestreben, Erkenntnistheorie, Massenpsychologie und politische Theorie als Einheit zu begreifen; dieser Versuch musste scheitern. Dagegen betrieb er die Dichtung, von deren Vergeblichkeit er zunehmend ausging, nur wider Willen – ein tragischer Konflikt, wie ihn seinerzeit Hannah Arendt beschrieben hat.[94] Ein Konflikt allerdings auch, der Broch zu dem großen epischen Gedicht *Der Tod des Vergil* trieb, in dem sein geradezu tödlicher Widerspruch literarisch gestaltet ist: Die Vergeblichkeit des Bemühens um das Absolute musste zur Vergeblichkeit der Dichtung führen. Der Größenordnung des Konflikts entspricht die Größenordnung des Widerspruchs dieses Werkes: mit ästhetischen Mitteln höchsten Grades das Scheitern der Dichtung darzustellen. Albert Einstein schrieb beim Erscheinen des Buches 1945, er sei fasziniert vom *Tod des Vergil* und wehre sich ständig dagegen; das Buch zeige ihm deutlich, wovor er geflohen sei, als er sich mit Haut und Haar der Wissenschaft verschrieben habe: »Die logische Form erschöpft nämlich das Wesen des Erkennens so wenig wie das Versmaß das Wesen der Poesie oder die Lehre vom Rhythmus und die Akkordfolge das Wesen der Musik. Das Wesentliche bleibt mysteriös und wird es immer bleiben, kann nur erfühlt, aber nicht erfaßt werden«.[95]

Mysteriös und nicht zu erfassen ist dieser ineinander verschlungene, labyrinthische Text, kaum Roman mehr zu nennen und der doch, so George Steiner, »im künstlerischen Gelingen sogar über Joyce's *Finnegans Wake* hinaus reicht«[96], eine Gestaltung des Gestaltlosen. Der Text entzieht sich und ist dennoch eine Totalerfassung des Sterbens durch das Wort. Äußerlich gesehen erzählt der Text die letzten vierundzwanzig Stunden im Leben des römischen Dichters Vergil; der Roman beginnt mit der Ankunft der kaiserlichen Flotte des Augustus in der Hafenstadt Brundisium und enthält in diesem ersten Satz das Ganze:

»Stahlblau und leicht, bewegt von einem leisen, kaum merklichen Gegenwind, waren die Wellen des Adriatischen Meeres dem kaiserlichen Geschwader entgegengeströmt, als dieses die mählich anrückenden Flachhügel der kalabrischen Küste zur Linken, dem Hafen Brundisium zusteuerte, und jetzt, da die sonnige, dennoch so todesahnende Einsamkeit der See sich ins friedvoll Freudige menschlicher Tätigkeit wandelte, da die Fluten, sanft überglänzt von der Nähe menschlichen Seins und Hausens, sich mit vielerlei Schiffen bevölkerten, mit solchen, die gleicherweise dem zustrebten, mit solchen, die aus ihm ausgelaufen waren, jetzt, da die braunsegeligen Fischerboote bereits überall die kleinen Schutzmolen all der vielen Dörfer und Ansiedlungen längs der weißbespülten Ufer verließen, um zum abendlichen Fang auszuziehen, da war das Wasser beinahe spiegelglatt geworden; perlmuttern war darüber die Muschel des Himmels geöffnet, es wurde Abend, und man roch das Holzfeuer der Herdstätten, sooft die Töne des Lebens, ein Hämmern oder ein Ruf von dort hergeweht oder herangetragen wurden«.[97]

So beginnt der Roman. Und er endet in geradezu sphärisch entrückten Dimensionen:

»Das Brausen hielt an und es tönte auf aus der Vermengung des Lichtes mit der Finsternis, aufgewühlt sie beide von dem anhebenden Klange, denn jetzt erst begann es zu klingen, und das Klingende war mehr als Gesang, war mehr als Leierschlag, war mehr als jeder Ton, war mehr als jede

Stimme, da es alles zusammen und zugleich war, hervorbrechend aus Nichts und All, hervorbrechend als Verständigung, höher als jedes Verständnis, hervorbrechend als Bedeutung, höher als jedes Begreifen, hervorbrechend als das reine Wort, das es war […]; das Wort schwebte über dem All, schwebte über dem Nichts, schwebte jenseits von Ausdrückbarem und Nicht-Ausdrückbarem […], ein schwebendes Meer, ein schwebendes Feuer, meeresschwer und meeresleicht, trotzdem immer noch Wort: er konnte es nicht festhalten, und er durfte es nicht festhalten; unerfaßlich unaussprechbar war es für ihn, denn es war jenseits der Sprache.«[98]

Zwischen diesem Ende und jenem Anfang liegen Ankunft und Heimkehr, Abstieg von der Höhe des Lebens zur Erwartung des Todes, ein gewaltiges, zwischen innerem und äußerem Mono- und Dialog schwankendes Epos über das Sterben. Wie am Anfang des Buches die Lichter und Geräusche noch mit dem Leben der Menschen in Verbindung stehen, am Ende hingegen reine, lebensferne Abstrakta geworden sind, so erreicht der Leser, geführt vom Sterben des Vergil, stufenweise die zum Literarischen sublimierte Philosophie: »Verwandlung des Endes zum Anfang, Rückverwandlung des Sinnbildes zum Urbild«.[99] Eine Jenseitsreise auch dies; sie beginnt mit dem klassischen Motiv des Durchgangs durch eine Höhle, hier als Weg durch einen »Gassenschlund«[100], der sich als ein Weg durch die Hölle entpuppt. Das Ende aber ist keine Rückkehr zum Leben, wie sie die Jenseitsreise normalerweise ermöglicht, sondern der Tod: eine mystische *Heimkehr* der Dichtung in die Sprachlosigkeit. Denn, so versteht es Broch, der Urgrund des Seins

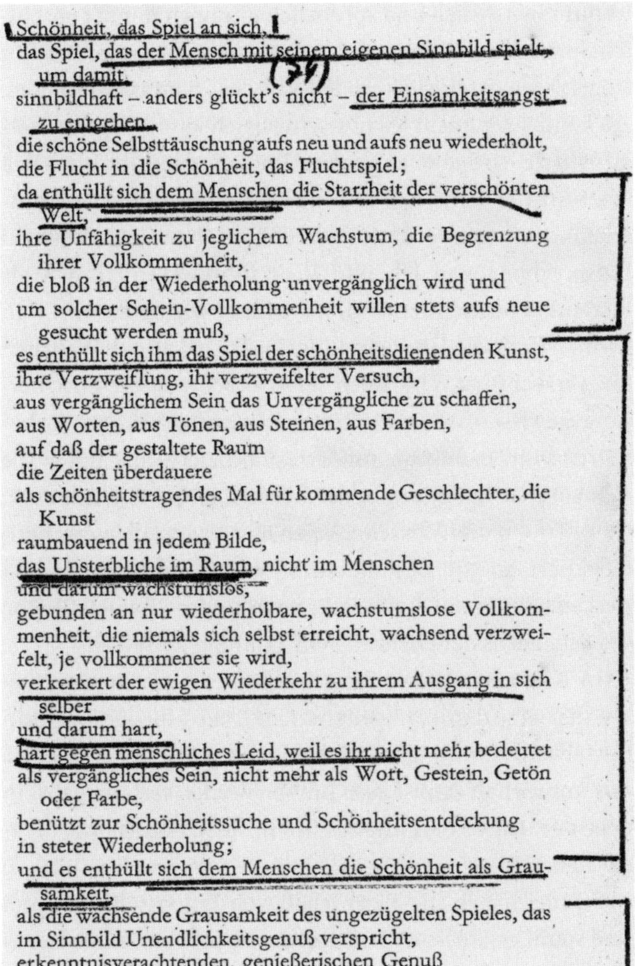

Schönheit, das Spiel an sich,
das Spiel, das der Mensch mit seinem eigenen Sinnbild spielt,
um damit
sinnbildhaft – anders glückt's nicht – der Einsamkeitsangst
zu entgehen,
die schöne Selbsttäuschung aufs neu und aufs neu wiederholt,
die Flucht in die Schönheit, das Fluchtspiel;
da enthüllt sich dem Menschen die Starrheit der verschönten
Welt,
ihre Unfähigkeit zu jeglichem Wachstum, die Begrenzung
ihrer Vollkommenheit,
die bloß in der Wiederholung unvergänglich wird und
um solcher Schein-Vollkommenheit willen stets aufs neue
gesucht werden muß,
es enthüllt sich ihm das Spiel der schönheitsdienenden Kunst,
ihre Verzweiflung, ihr verzweifelter Versuch,
aus vergänglichem Sein das Unvergängliche zu schaffen,
aus Worten, aus Tönen, aus Steinen, aus Farben,
auf daß der gestaltete Raum
die Zeiten überdauere
als schönheitstragendes Mal für kommende Geschlechter, die
Kunst
raumbauend in jedem Bilde,
das Unsterbliche im Raum, nicht im Menschen
und darum wachstumslos,
gebunden an nur wiederholbare, wachstumslose Vollkommenheit, die niemals sich selbst erreicht, wachsend verzweifelt, je vollkommener sie wird,
verkerkert der ewigen Wiederkehr zu ihrem Ausgang in sich
selber
und darum hart,
hart gegen menschliches Leid, weil es ihr nicht mehr bedeutet
als vergängliches Sein, nicht mehr als Wort, Gestein, Getön
oder Farbe,
benützt zur Schönheitssuche und Schönheitsentdeckung
in steter Wiederholung;
und es enthüllt sich dem Menschen die Schönheit als Grausamkeit,
als die wachsende Grausamkeit des ungezügelten Spieles, das
im Sinnbild Unendlichkeitsgenuß verspricht,
erkenntnisverachtenden, genießerischen Genuß

Buchseite Hermann Brochs *Der Tod des Vergil* mit Anstreichungen des Autors zur besseren Erkennung der Struktur ist nur noch visuell und sprachlich nur noch mit der absoluten Sprache der Philosophie zu benennen, aber um dorthin zu gelangen, ist die läuternde Kraft der Dichtung vonnöten, ein komplexer, nicht leicht nachvollziehbarer Vorgang. Vergil wusste, so heißt es in dem Roman, dass die Wahrheit des Künstlers eine Art Pflichterfüllung zur Wirklichkeitserkenntnis sei und dass Dichtung zu einer gegenseitigen Entsprechung von Ich und Welt führe. Wenn Broch als Platoniker bezeichnet wird, was immer wieder der Fall war, dann, weil er die Überwindung der Dichtung zur Wahrheit hin versucht hat. Das Buch selbst beschreibt diesen Übergang gewissermaßen als einen Läuterungsprozess, ja beschreibt ihn nicht nur, sondern praktiziert ihn, indem die elementaren Bewegkräfte des Lebens, Liebe, Freundschaft, Hass, Traum und Wissen, Hoffen und Verzweifeln erinnert, reflektiert und zu Bestandteilen der Erkenntnis verdichtet werden. Ein gewaltiges Werk, noch in der Thematisierung des Scheiterns der Dichtung ein Triumph derselben.

In Kaskaden kaum überschaubarer Dimensionen stürzen die Sätze dahin, in gedankliche Tiefe hinabgerissen, an Einzelwahrnehmungen sich brechend, Sätze, deren innerer Zusammenhalt dem Leser immer wieder verlorengeht, in denen er sich verliert und die ihn in einen bodenlosen Strudel ziehen.[101]

Strudel haben die Eigenschaft von Endlosschleifen und sind somit gefährliche Orte. Auf der Ebene von Texten haben wir es mit solchen zu tun, die sich linear ohne Pause, ohne erkennbare Struktur, alle Widerstände mit sich saugend in einem endlosen Wirbel entfalten. Zur Gattung dieser literarischen Strudel gehört neben dem *Tod des Vergil* gewiss auch Gertrude Steins Roman *The Making of Americans*, Stefano D'Arrigos *Horcynus Orca*, Stefan Schützes *Medusa*. Vielleicht ist auch ein Seitenblick auf jene Abarten des unendlichen Labyrinths in Gestalt der Unendlichkeitsbücher erlaubt, d. h. auf solche Werke, die niemals zu einem Abschluss kommen, etwa das Wikipedia-Buch[102], oder die *Cent Mille Milliards de Poèmes* von Raymond Queneau, jene Serien von zehn Sonetten, die sich nach dem Schema abab abab ccd eed endlos reimen lassen. Queneaus Sonette funktionieren als eine Art Textgenerator, in dem die Verse der Sonette einzeln miteinander kombinierbar sind, die Seiten des Buches sind entsprechend präpariert. Die »Gebrauchsanweisung« lässt uns das Verfahren ahnen: »Mit jedem Vers (zehn an der Zahl) kann man zehn verschiedene zweite Verse in Übereinstimmung bringen; es gibt also hundert verschiedene Kombinationen der beiden ersten Verse; wenn man den dritten hinzufügt, wird es tausend geben und für die zehn vollständigen Sonette aus vierzehn Versen hat man also das oben genannte Ergebnis. Wenn man 45 Sekunden zum Lesen eines Sonetts und 15 Sekunden zum Umblättern der Lamellen rechnet, 8 Stunden pro Tag, 200 Tage pro Jahr, hat man für mehr als eine Million Jahrtausende zu lesen [...].[103] So weit bringen es unsere Bücher nicht, aber es sind dennoch Bücher mit oft höchstem Ehrgeiz und mächtigem Anspruch, jedenfalls Bücher, in denen es oftmals um das Weltganze geht, mit entsprechend geringer Chance, wirklich gelesen zu werden.

Umberto Eco und sein Lieblingsbuch *Hypnerotomachia Poliphili*

Da haben es jene Bücher deutlich besser, die auf ihre Weise das Weltganze nicht nur in den Blick nehmen, sondern zumindest ihren Zeitgenossen zugleich einen Schlüssel zu seiner Erklärung anbei geben. Mit dem Roman *Die geheimnisvolle Flamme der Königin Loana*[104] hat Umberto Eco einen solchen Roman geschaffen. Hier sind es die Bilder und Texte der Illustrierten, der Comics, der Trivialromane, die die konkrete und die geistige Welt gestalten helfen. Sie sind es, die den Protagonisten des Romans, Giambattista Bodoni, ein aus einem komaähnlichen Schlaf sich ins Leben zurückkonstruierender Antiquar, seit der Kindheit beim Weg zum Selbst begleiten, zugleich aber auch den Zugang zu seinem Selbst blockieren. Das Sammelsurium von Bildern, diese verwirrenden Erinnerungen – »undeutlich, nebelhaft, mosaikartig angeordnet, mit leeren Stellen, Ungewißheiten, Rissen, Abbröckelungen«[105] – muss Bodoni ordnen, um endlich zu wissen, »wer ich bin«[106], es entsteht eine Art Suche nach der verlorenen Zeit im Zeitalter der Trivialität. Und dazu hilft ihm das Träumen im Wachkoma. Denn es ist, nicht nur in diesem Roman, der Traum, der im Schlaf die zukünftigen, aber wohl auch die vergangenen Dinge hervorholt. Er sorgt dafür, »dass die alte Mensch- und Thierheit, ja die gesamte Urzeit und Vergangenheit alles empfindenden Seins in mir fortdichtet, fortliebt, forthaßt, fortschließt«[107], wie es bei Nietzsche heißt, der weiter schreibt: »Ich bin plötzlich mitten in diesem Traum erwacht, aber nur zum

Bewußtsein, daß ich eben träume und daß ich« – jetzt kommt das Entscheidende: »weiterträumen muß, um nicht zugrunde zu gehen«.[108] Träumen ist mithin eine Art Überlebenstraining für jeden in seiner Zeit.

Umberto Eco hat seinen Helden Giambattista Bodoni, der wohl allerlei autobiographische Züge trägt, über seinen eigenen Lieblingsroman aus der Epoche der Renaissance promovieren lassen, nämlich *Hypnerotomachia Poliphili*[109] von einem Autor namens Francesco Colonna. Die Triebfeder der Erzählung und das Szenarium der Handlung in diesem Roman ist ebenfalls das Träumen. Damit nicht genug. Colonnas allegorischer Roman selbst liefert den Schlüssel zum Schreib- bzw. Erzählprinzip des *illustrierten* Romans von Umberto Eco. Freilich sind es bei Eco, unserer Zeit angemessen, über weite Strecken Trivialmythen, die den Stoff der Träume und damit die Bausteine des Weltbildes liefern, während es bei Colonna antike, zumeist humanistisch geprägte Bilder und Details sind. Es geht also vor allem um Bilder, um Chiffren und um bildhafte Zeichen. Dass sich Eco, der Semiotiker, mit seinem geübten und gelehrten Blick für die »Dialektik zwischen schwieriger und einfacher Kunst«[110] sein Lieblingsbuch als Muster seines eigenen Romans vornimmt, darf also nicht verwundern und lässt sich gut begründen. Francesco Colonnas Roman war seinerzeit eine bedeutende Quelle des Wissens und der Inspiration und gilt noch heute als ein Hauptwerk der Hieroglyphik der frühen Neuzeit.[111] In der Zeichenhaftigkeit der Hieroglyphik erkennt Umberto Eco den Comic Strip unserer Zeit; er erklärt, »daß das Lesen der in den Stein geritzten Zeichen und das Lesen der

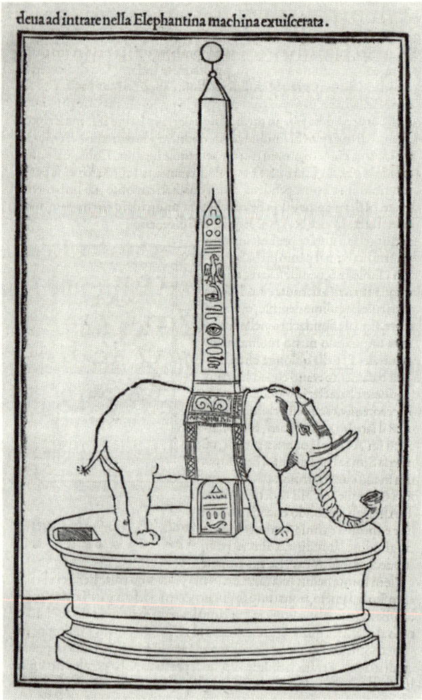

Elefant mit Obelisk, Holzschnitt aus Francesco Colonnas *Hypnerotomachia Poliphili*

Symptome am menschlichen Körper, wie übrigens auch das Malen von Zeichen, um den Lauf der Natur zu lenken, alles dasselbe ist«. Schließlich fügt er hinzu: »Schreiben ist – wie Sprechen – Imitation der Wirklichkeit mittels Zeichen«.[112]

Selbstverständlich befindet sich Eco in guter Gesellschaft, was seine Hochschätzung der oft als rätselhaft geltenden Hieroglyphen angeht. Blicken wir beispielsweise auf Friedrich Schlegel zurück:

»Ich bezweifle kaum, daß die ägyptische Sprache [...] durch die ihr eigenthümliche Hieroglyphenschrift so merkwürdig ausgezeichnet ist, welche die alphabetische Bezeichnung mit der symbolischen vereinigt, und wo selbst das Buchstabenwort, nachdem die Wahl unter den verschiedenen bildlichen Charakteren, welche Einen und Denselben Buchstaben bezeichnen, immer frey bleibt, wie von einem symbolischen Gewande umgeben ist und alles einen hieroglyphischen Ton annimmt. Einige unter den Griechen hielten die ägyptische überhaupt für die älteste Menschensprache; und die ernste Traurigkeit, welche aus allen ägyptischen Denkmahlen uns anspricht, ist wohl auch wie ein stummer Zeuge zu betrachten von den großen Ereignissen der untergegangenen Urwelt.«[113]

Friedrich Schlegel ist ein vergleichsweise später Vertreter des Glaubens an eine Schrift, deren Zeichen vermeintlich symbolische und weitergehend verborgene Bedeutung tragen. Der Glaube geht auf Horapollos *Hieroglyphica* zurück, ein Buch, dessen Verfasser seinerseits behauptete, mit diesen Zeichen Kenntnisse der Antike zu besitzen, sie in die frühe Neuzeit zu vermitteln.[114]

In der Hieroglyphik und in den schriftlichen Dokumenten der ja ebenfalls mit verborgenem Wissen assoziierten Alchemie vermischen sich die Sprachen, Texte, Schriften und Bilder zu einem Kaleidoskop unterschiedlich verständlicher Informationen. Es ist ein Spiel mit dem Geheimnis. Wir stoßen hier in das Zentrum einer sehr allgemeinen und weit in die Gegenwart hineinragenden Problematik, die Theodor W. Adorno kurz und bündig formuliert: »Alle

Kunstwerke, und Kunst insgesamt, sind Rätsel; das hat von altersher die Theorie der Kunst irritiert. Daß Kunstwerke etwas sagen und mit dem gleichen Atemzug es verbergen, nennt den Rätselcharakter unterm Aspekt der Sprache«.[115] Aber bleiben wir beim Geheimnisvollen, das ja das zugrundeliegende Phänomen ist, über dessen Manifestationen wir uns freuen, und lassen wir uns aus berufenem Munde sagen, wie es sich mitteilt: »Die Götter sprechen (heute würden wir sagen: das Sein spricht) durch hieroglyphische und enigmatische Botschaften«.[116] So konstatiert Umberto Eco den Vorgang und begründet damit seine tiefe Verbundenheit zur esoterischen und hermetischen Literatur, seine eigene literarische Spiel- und Versteck-Lust. Denn: »Jedes Objekt, ob weltlich oder himmlisch, birgt ein Geheimnis«.[117] So eben auch Francesco Colonnas *Hypnerotomachia Poliphili* – und nicht nur eines.

Schon im 15. Jahrhundert nicht für jedermann gedacht, setzt der Roman polyglotte Leser voraus, weil er, wie es in der Widmungsvorrede an Guido, Herzog von Urbino, heißt, neben dem Italienischen »zum Verständnis nicht minder der griechischen und römischen ›Sprachen‹ als auch der toskanischen und der einheimischen Dialekte bedarf«.[118] Die *Hypnerotomachia des Poliphilo, worin er lehrt, dass alle menschlichen Dinge bloss ein Traum sind*[119], sucht den gelehrten Leser, den er durch den maßlosen Überschwang an Informationen zu neuer Kenntnis führt und zugleich zum Rätselraten, Kombinieren, Finden und Erfinden herausfordert und auf die Probe stellt: »Nicht handelt es sich hier um Dinge, die für das gemeine Volk ausgebreitet sind und an den Dreiwegen abzusingen, sondern, da sie aus dem inneren Heiligtum der Philosophie hervorgeholt, an der Musen Quellen geschöpft, in einer bestimmten Neuartigkeit der Rede ausgearbeitet sind, müssen sie allen fähigen Geistern willkommen sein«.[120]

Der Erstdruck der *Hypnerotomachia Poliphili* trägt die Jahreszahl 1499 – geschrieben ist das beinahe 700 Seiten starke Buch wohl 1467, so der Verweis am Ende des Textes – und gedruckt wurde es in Venedig. Als Autor gilt wahlweise ein Dominikanermönch aus Venedig mit dem Namen Francesco Colonna oder, seiner Nähe zu architektonischen bzw. gartengestalterischen Ambitionen wegen, ein römischer Adliger gleichen Namens aus Palestrina. Der Übersetzer der Interlinearkommentarfassung, Thomas Reiser, plädiert aus guten Gründen für die Verfasserschaft des venezianischen Mönchs. Colonna freilich, dessen Namen in einem Akrostrichon versteckt ist (»POLIAM FRATER FRANCISCVS COLVMN PERAMAVIT«/Polia liebte der Bruder Francesco sehr), bezeichnet sich nicht als Autor des Textes, sondern nur als Vermittler: »Leser«, so redet Colonna seine Zeitgenossen an, »wenn Du erwünschst, in Kürze dasjenige zu vernehmen, welches in diesem Werke enthalten ist, wisse, daß Poliphilo erzählt, er habe im Traume staunliche Dinge gesehen. Jenes Werk nennt er mit griechischem Begriff ›Kampf um Liebe im Traume‹«.[121] Der Begriff lautet deshalb *Hypnerotomachia* und setzt sich aus den griechischen Wortbestandteilen hypnos (= Schlaf), eros/erotos (gen.) (= Liebe und Begehren) und machia (Kampf) zusammen, wobei der letztere Bestandteil wahrscheinlich eine

Reminiszenz an die *Psychomachia* des Prudentius, den Kampf der Tugenden und Laster in der Seele des Menschen, ist.[122] Denn auch in Colonnas Text geht es um Tugend und Laster, wahres und falsches Begehren, philía oder Érōs, modern gesagt um den Kampf zwischen Realitäts- und Lustprinzip, wobei die ferne und unerreichbare Geliebte Polia in gewisser Weise die Repräsentantin des Realitätsprinzips ist und Poliphilo derjenige des Lustprinzips.

Der Träumende, Held und Erzähler, wird nicht mit seinem Namen, sondern nur mit seiner Eigenschaft genannt: der Viel(es)liebende bzw. der die Polia (vielleicht: die Vielgestaltige[123]) Liebende. Hierbei ist anzumerken, dass das griechische Wort philía ursprünglich eher eine Art Freundschaftsliebe als eine sexuell-erotisch geprägte Liebe im modernen Sinne meint. Unbedeutend ist dieser Umstand nicht – er ist alles. Denn in Wirklichkeit, d. h. in der Erzählrealität, verbringt Poliphilo eine »lange und verdrießliche Nacht schlaflos« und geht »seufzend und trostlos ob seines fruchtlosen Geschicks und seines gegnerischen und feindseligen Sterns, und weinend ob unvorteilhafter und nicht gedeihender Liebe – Punkt für Punkt durch, wie ungleiche Liebe beschaffen sei; und wie man diejenige angemessen lieben könne, welche nicht liebt«.[124] Und weil das so ist, kann ihm nur der Traum die Erfüllung seiner Wünsche vorgaukeln.

Poliphilo legt sich also zum Schlafen und träumt von seiner Geliebten Polia, die sich dem Träumenden ständig entzieht, was ja der Natur des Vielgestaltigen entspricht, so dass er sich auf die Suche nach ihr bzw. der mythischen Liebesinsel Kythera aufmacht, wo er sie zu finden hofft.

Er wandert in diesem Traum durch verschiedene Orte – einen dunklen Wald, einen Palmenhain, eine antike Ruinenstätte – und muss dabei auch gefährliche Situationen bestehen, etwa der Bedrohung durch Drachen standhalten. Er trifft auf fünf Musen, die ihn zu ihrer Chefin führen – hier: Königin Eleutherilya (= Personifikation der ethisch ausgewogenen Freigiebigkeit[125] bzw. Willensfreiheit), die Poliphilo ihrerseits mit seiner Hauptaufgabe vertraut macht:

»Poliphilo, allnun gib dem Vergessen anheim die vorübergegangenen und zugestoßenen Geschicke, und dann auch die verdrießlichen Gedanken und die durchlebte Fährnis; aus dem Grunde, daß ich gewiß bin, daß Du gegenwärtig gänzlich wiederhergestellt bist. Da Du nun in den Liebesflammen unerschrocken Polia verfolgen möchtest, erachte ich es als eine geeignete Sache, daß Du für diese Wiedererlangung zu den drei Pforten gehst, wo die hohe Königin Telosia (= von telos – das Ziel) wohnt«.[126]

Unterstützt wird Poliphilo von Logistica (von Logos), also der Vernunft, und Telemia (= Thelema d. h. dem Willen beziehungsweise dem Verlangen oder Begehren).[127] Von diesen drei Pforten ist natürlich nur eine richtig, es ist die Pforte Amors, und dahinter trifft unser Held nun endlich Polia, mit der er durch verschiedene heilige Rituale der Reinigung geht und schließlich, nach diversen Tempeln, Gärten, Brunnen, die überwiegend mit dem Kult des Gottes Eros in Verbindung stehen, zum Grab des Adonis gelangt.

In diesem ausufernden Traum geht es teilweise hoch erotisch zu, begehrlich und äußerst vielversprechend, da trifft man auf leicht bekleidete, verlockende Nymphen und Musen, die allzu gerne bereit sind, mit dem Besucher »foppicht und fürwitzig sanft zu scherzen«, und, da ihn »jene wollüstige Schar umwallt«, ihn »zu verlockenden Begehren aufzureizen; sowohl lockend als auch wortberedt. Davon verspürte ich einen Ausdruck der Geilheit, zumal die stößigen Blicke eine Zunahme des verliebten und sich vergrößernden Feuers nährten […]«[128] – und Telemia gaukelt dem Träumenden vor, er befände sich an demjenigen Ort, »wo es keine Ausdehnung der Zeit geben wird«[129], d. h. im Paradies.

Die Realität ist jedoch alles andere als ein Paradies. Im Gegenteil, sie ist eine Marter, das hat uns ja die Ausgangssituation gezeigt, und so lässt es uns die Repräsentantin des Realitätsprinzips, Polia, in ihrer Erzählung, die den zweiten Teil des Romans ausmacht, wissen bzw. erkennen. Hier entpuppt sich nun erotische Liebe als Verhängnis, und wird – ewig lockt das Weib – von der Frau, in diesem Fall von Polia, herbeigeführt. Scheinbar in aller Unschuld, aber doch so, »wie es begehrenswerte junge Frauen für gewöhnlich tun«, steht sie »am Fenster, oder aber am Balkon« ihres Palastes und kämmt ihr blondes, ja sogar ihr »allerblondestes« Haar. Die Folge ist klar und unabwendbar – das bewirken blonde Frauen seit Ovids Metamorphosen über die Loreley bis heute: »Also entbrannte er, Poliphilo, da er dessen mit starren und verbissenen Blicken gewahr geworden, ohne Maßhalten [!] und mit Zuwachsen schlagartig vor Liebe«.[130] Die Folgen für Poliphilo sind »Liebesmarter« und der »Liebeswahn, irgendeine gebührliche Gegenleistung solcher Liebe zu erlangen«[131], für Polia hingegen Krank-

Der heilige Priapus, Holzschnitt aus Francesco Colonnas *Hypnerotomachia Poliphili*. Angeblich die am meisten zensierte Abbildung der Renaissance und nicht in allen Ausgaben enthalten

heit und Liebesverzicht. Dass sie, wie viele andere zu dieser Zeit[132], »durch die verdorbene, von Seuche besudelte Luft« infiziert, aber ausgerechnet »ob meines bösartigen und schwächlichen Loses im keuschen Unterleibe von einem Geschwür befallen«[133] wird, ist eben alles andere als Zufall. Es ist ebenso wenig Zufall, sondern Teil des – seinerzeitigen – Realitätsprinzips, dass die Krankheit durch »die stinkenden Südwinde des betauten Ägyptens [...] herbeigetragen« worden sein sollen, Ägypten also alles andere als das traumhafte Land schönster Bauwerke und geheimnisvoller, aber sprechender Hieroglyphen ist. Und Teil des Realitätsprinzips ist auch, dass Polia, als sie sich gerade von ihrem Keuschheitsschwur der Göttin Diana gegenüber losgesagt hat und ihrerseits frei für die Liebe zu Poliphilo geworden zu sein scheint, in ihren Träumen nicht in das Reich der Schönheit und des erotischen Vergnügens gelangt, sondern in einen Alptraum mit geradezu sadistisch anmutenden Exzessen.[134] In diesem Traum wird sie, nachdem sie gesehen hat, wie zwei Frauen in einem Wald gepeinigt, gegeißelt und schließlich zerstückelt werden, von zwei Henkersknechten verfolgt und gejagt:

»Jetzt komm'! Komm'! Hochmütige, Frevliche! Komm', komm', Widerspenstige, der Herrschaft der Unsterblichen trotzende Feindin! Komm', komm', verrücktes Mägdelein, welches zurückweist und vernachlässigt ihre Freuden! Hei, böses Mädchen! Böses Mädchen! Denn jetzt wird sich an Dir die angemessene und göttliche Vergeltung grausam vollziehen, Du übles Weib! Und großes Gemetzel! So wie Du gestern morgen sahst, wie zwei andere (Dir ähnliche) niederträchtige junge Frauen an ihren Gliedern zerrissen wurden, ebenso wirst Du es in einem klitzekleinen Weilchen an Dir selbst geschehen sehen!«[135]

Kehren wir erschöpft und belehrt von derartigen Exzessen, die drastisch zeigen, wie verderblich ein von Liebe angetriebenes, *männertolles* Verhalten ist und wie es geahndet wird, zu Poliphilo zurück, dann sehen wir: In der Realität, das war ja die Frage, *angemessen* zu lieben, kann hiernach nur bedeuten, ohne erotisches Begehren zu lieben.

Es geht also, modern ausgedrückt, um zwei Liebeskonzepte, und die unterscheiden sich kardinal: Ihr Gegensatz ist Eros und Philia. Das Buch beschreibt in höchsten Tönen und ausschweifend, allegorisch überladen und hypertroph ins Einzelne der Architektur-, Park- und Szenenbeschreibungen gehend, die erotische Seite als Traum, geht aber von der freundschaftlichen, gleichsam *platonischen* Seite der Realität aus und kehrt dahin – ernüchtert, enttäuscht – wieder zurück.[136]

Vergleicht man nun Colonnas allegorischen Roman mit Umberto Ecos *illustriertem* Roman über die geheimnisvolle Flamme der Königin Loana (ein Trivialtext und den Worten des Autors zufolge »die fadeste, dümmste Geschichte, die je ein menschliches Hirn sich hatte ausdenken können«[137]), dann wird man auch hier ein ähnliches Verhältnis zwischen Realitätsprinzip und Lustprinzip finden, das sich im Erzähler zu der Frage »Ich will endlich wissen, wer ich bin«[138] verdichtet und den gesamten Horizont der heutigen aktuellen Identitätsfrage von Realität und Virtualität aufreißt. Selbstzweifel, Unisicherheit, Persönlichkeitsverlust –

all dies erscheint als Folge dieses Konflikts. »Es gibt doch gewisse Träume«, überlegt Giambattista Bodoni, »in denen wir das Gefühl haben, uns zu erinnern, und glauben, daß das, woran wir uns erinnern, wahr sei, und dann wachen wir auf und müssen widerwillig zugeben, daß jene Erinnerungen nicht die unseren waren. Wir träumen falsche Träume«.[139] Was aber sind richtige Träume, oder anders gesagt: Entkommen wir den Träumen denn gar nicht mehr? Nein, lässt Eco seinen Bodoni sagen. Denn ob im Wach- oder Traumzustand, immer drängen sich die Bilder und Sätze in unser Hirn:

»[...] wer sagt mir, daß alles, woran ich mich im Laufe dieses Schlafes erinnert habe, wirklich *mir* passiert ist? [...] ich bin ein anderer[140] – und Gott weiß wer –, der sich wegen eines Unfalls in dieser Lage befindet (im Koma oder im Limbus), und alles andere waren Gestalten, die durch optische Täuschung aus dem Nebel aufgetaucht sind. Sonst wäre all das, woran ich mich bisher zu erinnern geglaubt habe, nicht so vom Nebel beherrscht gewesen, der nichts anderes war als das Zeichen dafür, daß mein Leben ein Traum war. Ich habe ein Zitat gelebt. Und was, wenn alle anderen Zitate, die ich dem Doktor, Paola, Sibilla, mir selbst vorgesagt habe, nichts anderes wären als das Produkt dieses selben fortdauernden Traums? Dann würden alle darin zitierten Autoren, Carducci, Eliot, Pascoli, Huysmans, und alles übrige, was ich für enzyklopädische Erinnerungen hielt, nicht existieren«.[141]

Die Realität indessen sickert mit der Schulzeit in diese Traum- oder Trivialwelt ein als Erinnerung an die Zeit des

Krieges und der Propaganda – da gibt es kein Entkommen. Auffälligerweise wird dieser durch Notate in Schulheften und illustrierten Broschüren, durch Propaganda in Bild und Text erzeugte Realitätseinbruch durch das Radio mit seinen Kriegsberichten unterstützt, ergänzt und gelegentlich erweitert. Der Roman beginnt schließlich auch mit dem Auftauchen des Ich-Erzählers aus einem Traum: »es war ein seltsamer Traum: ohne Bilder, nur Töne«.[142] Umberto Eco weiß eben, wie alles beginnt und wie der Mensch aus den Tönen allmählich seine Welt gewinnt. Tatsächlich zeigt sich Ecos Spürsinn für die tiefe Erschütterung der Ästhetik der visuellen Wahrnehmung, wie sie Paul Virilio in seinem Essay *Fluchtgeschwindigkeit* als ein endloses Vorüberrauschen optischer Eindrücke beschrieben hatte und die durch den unkontrollierten und unkontrollierbaren Überfluss an Bildern, wie sie die Realität der Welt produziert, einen Höhepunkt erreicht haben. Virilio hatte als Konsequenz eine *Ethik der Wahrnehmung* verlangt. Sie sollte und müsste der »Eroberung der Welt als Bild«[143], von der Heidegger warnend gesprochen hatte, eine Grenze setzen. Und hier sehen wir, wie das funktioniert – wir befinden uns mit diesem Roman in einem Wahrnehmungslabor, literarisch in dem Haus der Familie in Solara, einem Labyrinth (wie sollte es anders sein!), in dem wir mit dem Protagonisten des Romans die jetzt offen zugängliche, aber lange hinter verschlossenen Türen verborgene Bibliothek des vergangenen eigenen und fremden Lebens durchforsten und hin und her gerissen werden zwischen der »teuflischen Macht des Papiers«[144] und der *echten* Erfahrung. Echte Erfahrung, das lernt der sich erinnernde Antiquar, war seinerzeit mit Lebensgefahr verbunden, auch für den Knaben. Während seines *Einsatzes* für die Partisanen, ein »Abenteuer, das ich hinterher überall würde erzählen können, eine Partisanenaktion, eines von jenen Husarenstücken, die nicht mal Flash Gordon im Wald von Arboria … Die nicht mal Tremal-Naik im Schwarzen Dschungel […]« gelungen wären[145] – wünscht er sich dann doch, er wäre lieber »Giraffone oder Jojo gewesen als Romano der Legionär, lieber Rudi Roß oder Clarabella als Topolino im Gespensterhaus, lieber Sor Pampurio in seiner Wohnung als Flash Gordon im Gespensterhaus in den Sümpfen von Arboria«[146]:

»Um überleben zu können (kurioser Ausdruck für jemanden wie mich, der schon tot sein könnte), muß ich beschließen, daß Gratarolo, Paolo, Sibilla, das Antiquariat, das ganze Solara mitsamt Amalia und den Geschichten von Großvaters Rizinusöl Erinnerungen an das wirkliche Leben sind. So tun wir es ja auch im normalen Leben: Wir können zwar annehmen, daß wir von einem bösen Geist getäuscht worden sind, aber um weitermachen zu können, verhalten wir uns so, als ob alles, was wir sehen, real wäre. Wenn wir uns gehenließen, wenn wir zweifelten, daß es eine reale Welt außerhalb von uns gibt, würden wir nichts mehr tun und würden in der vom bösen Geist erzeugten Illusion von den Treppen fallen oder verhungern«.[147]

Landvermesser und andere Wegesucher oder: »die Natur der Realität«[148]

Tatsächlich haben wir inzwischen, was wir für unsere schwierigen Bücher brauchen: Welt im Großen und Ganzen, Traum und Er-Fahrung, Gebäude und Gärten etc. beieinander, in denen Aufklärung als ernstes oder heiteres oder belehrendes Verwirrspiel herrscht. Die Wirklichkeit selbst ist ein gefährlicher Zustand. Dabei changiert sie zwischen Manifestation und Konstruktion, je nach Blickwinkel, literarischer Laune und demiurgischer Gestaltungsphantasie. Dichter können alles, und manche spielen mit der Wirklichkeit und mit dem Leben. Wir dürfen an diesem Spiel teilnehmen, müssen aber die Regeln kennen – ansonsten verirren wir uns in diesen virtuellen, verwirrenden, phantastischen Orten. Wir müssen Mosaike lesen, kleine und kleinste Szenen als Bruchstücke eines größeren Ganzen erkennen, das Puzzle zusammensetzen, Bilder, Impressionen auseinanderhalten, kurz: Wir müssen Teil eines offenen Systems mit selbstregulierendem Potential werden. Die Leser agieren gewissermaßen in den Abbildern des stets dynamischen und durch die Eigenbewegung immer von Neuem sich verändernden Lebens.

Musterbeispiel: Georges Perec: *Das Leben*[149]. Diesem Buch hat der deutsche Verlag seinerzeit ein Mosaik in Gestalt eines Puzzles beigelegt – und nicht nur dies: der Verlag hat das in einer Schatulle gelieferte Buch auch noch mit einem

Siegel versehen, freilich nur einem und nicht sieben, wie es sich in diesem Fall eigentlich gehört hätte.

»Ich stelle mir ein Pariser Mietshaus vor«, so Perec in seinem Romanentwurf von 1974, »dessen Fassade entfernt worden ist [...], so dass vom Erdgeschoß bis zu den Mansarden alle nach vorne liegenden Räume augenblicklich und gleichzeitig sichtbar sind«.[150] Es ist ein Haus in Paris mit 100 Zimmern, das Perec hier konstruiert hat, durch das der Leser zimmerweise gehen oder wandern kann. Gewissermaßen als Gebrauchsanweisung verweist er auf die »pseudo-queneausche Polygraphie des Reiters«[151], wodurch der Leser wie der Springer auf einem Schachbrett systematisch von Wohnung zu Wohnung beziehungsweise von Zimmer zu Zimmer springen kann. Auf diese Weise wird ein riesiges Panorama von Geschichten und Begegnungen eröffnet. Im Mittelpunkt steht die Geschichte eines Mannes, der Aquarelle malt, diese von einem Puzzlehersteller in Puzzles zerlegen lässt, um sie schließlich wieder zusammenzubauen. Die Idee des Puzzles steht dabei auch programmatisch für das Bauprinzip des Romans.

Bücher wie dieses sagen uns, dass wir die Welt, das Leben, die Existenz in ihrer Gänze gar nicht verstehen können. Wir können sie uns bloß zurechtlegen, z. B. in Gestalt eines Mosaiks oder Puzzles. Je dichter wir an der Einzelheit sind, desto weniger können wir sehen und verstehen. Und greifen wir in das Ganze ein, zerfällt es in seine Einzelteile, in Bruchstücke, in Fragmente. Diese Erkenntnis unterscheidet diesen Typus von Literatur von anderer: Ihre Texte sind jeweils selber Ausschnitt aus dem Kontinuum der Zeit und insofern steht der Ausschnitt für's Ganze: pars pro toto. Sie bilden fast so etwas wie eine eigene Gattung, zumindest unterliegen sie einem miteinander vergleichbaren Kompositionskonzept. Zu nennen sind z. B. Dylan Thomas' wunderschönes Stück *Unter dem Milchwald* oder Peer Hultbergs Bücher *Die Stadt* und *Requiem*. Ein aktueller Fall, um nicht zu sagen Sonderfall, doch strukturell vergleichbar, ist *Null*, ein Netzwerkroman, den Thomas Hettche und Jana Hensel herausgegeben haben.[152] Als Netzroman ist er ein Kind des Internetzeitalters und steht insofern auf gleicher Ebene mit einem *Ulysses*-Twitter-Project, in dem eine über den Twitter-Dienst entstandene Analyse des *Ulysses* als Datenvisualisation des Kommunikationsprozesses abgebildet wird, freilich mit dieser Bemerkung: »Bewildering, convoluted, unreadable«.[153] Die graphische Darstellung dieses Unternehmens bildet die gesamte Struktur der weit verstreuten Kommunikation der Diskussionsteilnehmer ab – zu jedem Punkt gehört ein Text, ein Twitter-Eintrag, der hier als potentieller Text-Ort angezeigt ist – ein Universum im virtuellen Raum.

Die synoptische Darstellung unterschiedlicher Vorgänge in Hinblick auf ein gemeinsames Projekt verwandelt die räumlich und zeitlich auseinanderliegenden Twitterbeiträge in ein im Grunde unbegrenztes, d. h. potenziell unendliches Szenario. Ein derartiges Netzwerk bildet im Kleinen die Kommunikationsstruktur des Internetzeitalters ab und zeigt, was wir natürlich alle wissen: dass wir mit Eintritt in dieses Zeitalter die klassische Interlinearität verlassen und weitgehend aufgegeben haben. Aufgegeben wird auch der klassische Autor. In einem derartigen Netzwerk wird der

Schutzumschlag der Erstausgabe von *Null*, hg. von Thomas Hettche und Jana Hensel

Kommunikationsteilnehmer zum User eines Programms, innerhalb dessen er sich bewegen kann. Wie weit er autonom bleiben darf, legt allerdings nicht er selbst, sondern das Progamm fest. Etwas mehr Autoren, aber doch auch in gewisser Weise User, sind die Teilnehmer des Projekts *Null*. Auch hier entsteht eine ganz ähnliche Struktur wie in dem *Ulysses*-Twitter-Projekt, die sich als eine Art Sternenkarte abbilden lässt.

Das »Textgespinst, das sich [...] mit einem Mal als hochkomplexes Dokument und Portrait der jüngeren deutschsprachigen Literatur dieses Jahres entpuppt«, so Thomas Hettche im Vorwort[154], enthält eine Vielzahl von im Netz verstreuten Teilnehmern und unterschiedlichen Textsorten inklusive Mail-Einschüben und Korrespondenzen; auch Ansätze zu Erzählungen finden wir darin, die in ihrer Gesamtheit Aspekte eines nichtlinearen Gesamtkunstwerks darstellen. Zum Problem wird dieses Textgespinst jedoch in Buchform, denn sobald das Netz aufgelöst und seine Knoten in die lineare Form des gedruckten Textes übertragen werden, ohne dass in den Texten das Prinzip des nicht-linearen Erzählens entwickelt wird, entsteht Beliebigkeit; Langeweile und damit eine Unlesbarkeit der öden Art sind die Folge. Womöglich bestätigt sich hier die Tatsache, dass sich literarisches Geschehen im Medium des Internets hochgradig von Literatur im gedruckten Buch unterscheidet. Hochgradig sind die Unterschiede zumal, weil das Internet das Wort nur noch als Accessoire, aber nicht als Substanz braucht, während es auf den fließenden Charakter zeitlicher Entwicklung, eine sich kontinuierlich oder sprunghaft weiter entfaltende Netzstruktur, auf Bilder, Icons oder andere visuelle Nebenschauplätze angewiesen ist. Der offenherzige Begriff von der *Textverarbeitung* der PC-Schreibkultur ist zudem ein Synonym für den partiellen Rückzug des individuellen und singulären Autors aus dem Geschehen. Es geht also um Orientierung in Räumen, die per se desorientierend sind: in spirituellen, virtuellen, realen oder irrealen, in Bauwerken, Landschaften, Orten.

Was Dublin für James Joyce bedeutete, war für Paul Wühr München. Aber da Wühr von Anfang an ein Dichter der radikalen Sorte war, der gerne seine Sätze gegen den Strich bürstete, heißt sein München eben auch – *Gegenmünchen.* Mit diesem Roman, der im Herbst 1970 erschien, hoffte Paul Wühr auf den literarischen Durchbruch – erstaunlich genug und in gewisser Weise vielleicht auch etwas anmaßend. Denn damals war es nicht nur der Rezensent der ZEIT, Christian Schultz-Gerstein, der das Buch für unlesbar hielt. Und dies mit Recht. »Gegenmünchen, die Wörterstadt, ist der Versuch, ohne ein richtungsbestimmtes Engagement, den Sprachraum, die verdoppelte Stadt zu überschreiten«, zitiert der Verlag, dessen Mitarbeiter seinerzeit wohl die am wenigsten verstörten Leser waren, auf der Innenumschlagseite den Autor. »Diese Überschreitungen rechnen mit einem Bewußtsein, dessen größere Teile offenbar noch im Dunkel liegen. München: Es selbst ist Figuration aus Wörtern, so wie es liegt. Ich will sagen: Ich sehe nicht München. Ich sehe München als Figuration aus Wörtern. Also sehe ich doch München«.[155]

Die Protagonisten SIE und ER, die sich zu 10 Rundgängen durch die Stadt München aufmachen, sind chaotische Bewusstseinsfigurationen, aber keine Identitäten oder gar Individualitäten. Ihr Wahrnehmungsvermögen ist geclustert, d. h. es setzt sich aus lauter zerbrochenen, ungeordneten und monadischen Einzelteilen zusammen. Es sind Wörter und syntaktisch scheinbar zufällig nebeneinander erscheinende Wortgruppen aus dem Arsenal zerfallender Wahrnehmungen und auseinanderbrechender Erscheinungen. Mit anderen Worten haben wir es hier mit einem determinierten Chaos zu tun, dessen Ursache in der Bewegung der wahrnehmenden Körper liegt. Heinz von Foerster hat darauf hingewiesen, dass »Dreidimensionalität sich als eine Relation zwischen Bewegung und Perzeption entwickelt. So, daß Sehen mehr im Sinne einer Aktivität auftaucht als eines passiven Registrierens. Wenn Sie mit meinem Freund Humberto Maturana sprechen würden, dann sagt er diesen schönen Satz: ›Wir sehen mit den Beinen.‹ ›Ja, wieso?‹ ›Na schau, geh' doch, da ändert sich alles.‹ Die Korrelation der Änderung der Perzeption mit der Änderung der Körperstellung oder des Wanderns, erzeugt die Interpretation dessen, was wir sehen. Es ist eine Schleife – die sensomotorische Schleife, bei der die Bedeutung der Signale des Motoriums vom Sensorium und die des Sensoriums vom Motorium bestimmt wird. Die Korrelation von diesen zweien ist eben der kognitive Prozeß. Mit dieser rekursiven Schleife ist ein faszinierendes Feld der Rekursionen und die Erschließung von solchen Prozessen entwickelt worden. Das sind die Mandelbrot-Sets und die Julia-Sets, Fraktale usw., usw. Alles Kreationen, die durch rekursive Schleifen, d. h. der Ausgang wird zum nächsten Eingang, entstehen. Das System wird zu einem operativ geschlossenen gemacht. In dem Moment, wo Sie ein System organisatorisch schließen, gibt es fundamentale Einsichten. Eine z. B.: Jedes organisatorisch geschlossene System erzeugt stabile Werte, also Eigenwerte, Eigenverhalten usw., die mit Attraktoren bezeichnet werden. Und wenn wir keine bekommen, wenn es nicht zu einer Stabilisation des Verhaltens kommt, dann spricht man von Chaos, d. h. von einem chaotischen Attraktor. Aber daß man durch Schließen eine Stabilisierung eines sonst unvoraussagbaren Systems herstellen kann, gibt uns die Möglichkeit der Voraussage und einer Erklärung, die ich im Wesentlichen immer metaphorisch auffassen möchte, d. h. das System als solches bleibt völlig unanalysierbar. Wegen der Stabilität unseres Verhaltens im Rahmen einer gesellschaftlichen Wechselwirkung – wir sind ja ein geschlossenes soziales System – entstehen Eigenverhalten, Eigenwerte, Attraktoren, bei denen diese Stabilitäten ausgenützt werden«.[156] In gewisser Weise liegt dieses Systemverhalten auch *Gegenmünchen* zugrunde.

Tatsächlich gelang Paul Wühr mit *Gegenmünchen* der Durchbruch nicht. Doch für den Roman *Das falsche Buch* erhielt er immerhin 1984 den Bremer Literaturpreis – erstaunlich genug. Dieses Buch ist kaum leichter lesbar. Aber was heißt das: lesbar? Die Lesbarkeit bezeichnet einen gewiss jeweils sehr subjektiven Standpunkt, ohne Zweifel; dennoch bemisst sie sich an einem vermittelten Ort, den Leser und Autor gemeinsam haben: Schreiben und Lesen sind die unterschiedlichen Wege, auf denen sich beide einander nähern. Die Titel *Gegenmünchen* und *Das falsche Buch* betonen die Gegenpositionen zum Richtigen und legen wie die all der anderen Wühr'schen Veröffentlichungen die Koordinaten des Ortes fest: außerhalb des bequem Richtigen oder Konventionellen, weitab vom Planen der

Straßen, Plätze, des klassischen Erzählens. Verwirrende Bewusstseinseindrücke konstituieren einen fiktiven Ort, oder anders gesagt: wer lesend bis dorthin vorgedrungen ist, der hat schon eine Pilgerreise und manchen Kreuzweg hinter sich, am Ziel ist er nicht, aber er ist ein Jünger geworden. Wir kennen das Resultat, bei Arno Schmidt etwa gab es Vergleichbares: die Herausbildung einer Gemeinde, deren Mitglieder die Exegese besorgen, die zweifellos notwendig ist. Seit 2007 gibt es die Paul-Wühr Gesellschaft, die sich geduldig um das Verständnis des Wühr'schen Werkes bemüht.

Paul Wühr hat mit dem Text *Der faule Strick*[157] nicht nur den Gralshütern der reinen Literatur ein Schnippchen geschlagen, sondern auch den 1000 Käufern auf die Sprünge geholfen. *Der faule Strick* lässt nämlich tief in Seele und Werkstatt blicken. Es ist eine Art Tagebuch, eine Chronologie von Beobachtungen und Reflexionen, biographischen Profanitäten und ein weit gefächerter Diskurs über Selbstzweifel voller bissiger Bemerkungen über Schriftstellerkollegen, Freunde, Freundinnen und Familienangehörige. Eine Montage aus Dichtung und Wahrheit unter Einbezug einer Art intimen Tagebuchs nach dem Muster des Schweizers Henri-Frédéric Amiel mit seinen mehr als 17.000 Seiten und Thomas Manns tabellarischem Report über Wohl und Wehe einer spätbürgerlichen Schriftstellerexistenz inklusive Bauchgrimmen. Doch ein »so ordentliches Buch«[158] wie die Tagebücher des Max Frisch, schränkt Wühr ein, werde seine Niederschrift wohl nicht werden. Was im Übrigen auch gar nicht möglich ist; denn im Text verfolgt Wühr ein eigenwilliges Prinzip, das ganz gewiss keinem der möglichen Paten autobiographischer Schriften vorgeschwebt haben dürfte. In einer Notiz vom 7. November 1985 scheint dieses Prinzip auf:

»Im Vorzimmer von Professor König las ich in ›Geo‹: Das Chaos wird entdeckt, der determinierte Anarchismus. Horch, was kommt von draußen rein. Wie heißt mein Spruch, den der Achternbusch mir (im *Wanderkrebs*) gestohlen hat? Wir müssen die ursprüngliche Unordnung wiederherstellen«.[159]

Die ursprüngliche Unordnung, das ist eine Explosion im Bewusstsein, die auf intellektuellem Gebiet das Pendant jenes kosmischen Zustandes darstellen soll, bevor der Urknall aus Chaos Ordnung und Zeit hat entstehen lassen. Nicht von ungefähr zitiert Paul Wühr mehrfach den amerikanischen Mathematiker, Kosmologen und Philosophen Alfred North Whitehead als Gewährsmann für eine zeitgenössische Weltanschauung, wonach das gesamte »Universum ein kreatives Fortschreiten ins Neue« sei.[160] »Die Alternative zu dieser Lehre«, heißt es dann weiter, »ist ein statisches, morphologisches Universum«.[161] Sinngemäß gilt dieser Satz auch für Wührs Poetik: »Das Fertige ist in der Poesie das vollkommen Ausgespielte, an dem alle Verwandlungen nachzittern; die Erschöpfung bleibt stark. Dazu kommt es in der Literatur nur selten. Da wird zuviel ausgesprochen, ausgeschrieben, ins Breite gewalkt, sehr solid, sehr gekonnt: sehr rechtschaffen. Fad. Unterhaltung.«[162]

Es ist also jene aus Kosmologie und dynamischer Systemtheorie stammende Vorstellung, nach der vom kleinsten

Teilchen über den Molekular- und Zellverband bis in die Organismen und Gesellschaften aufeinander wirkende Beziehungen bestehen. Dass sich Wühr mit der Wertschätzung dieser kosmologisch-organischen Philosophie in die Tradition der amerikanischen Dichter der Beat Generation wie Michael McClure und vor allem Charles Olson begibt, ist unverkennbar.[163] Diese Theorien beziehen ihre Konturen jedenfalls weder aus dem Idealismus noch aus der Kritischen Theorie oder irgendeiner anderen philosophischen Richtung, sondern aus Physik und Mathematik. Die in jenen Weltanschauungen unaufhebbare Trennung von Subjekt und Objekt spielt hier keine Rolle. Dennoch verschwindet bei Wühr nicht gleichzeitig das kritische Potential der Aufklärung; bei ihm wird es indes zur Subversion: »Die Lehre vom Falschen, das kann nur die Grundfiguration […] als Subversion sein. Subversiv falsches Leben im falschen Leben«.[164] Was für *Gegenmünchen* gilt, findet seinen Widerpart natürlich auch in diesem Tagebuch, nämlich dort, wo zeitgenössische Philosophie und Subversion im Sinne einer ursprünglichen Unordnung einen zentralen Platz einnehmen: »Das wahre Diarium ist die tote Vergangenheit des wirklichen Einzelwesens Mensch, könnte man mit Whitehead sagen. Dann muß man unterscheiden: Das Diarium eines wirklichen Einzelwesens Autor ist wirklich ein abgeschlossenes Ereignis […]; es ist ein Manuskript oder ein Buch.«[165]

Angelockt von der Metapher der Schleife – »Bilder des Unendlichen im Endlichen«[166] – wird das Tagebuch selbst zu einer Rückkoppelung und Chronologie für eine Wahrnehmungsstrategie, die sich den alltäglich gewordenen Verbindlichkeiten widersetzt. Derart schleifenförmig ist Paul Wührs Tagebuch Rätsel und Schlüssel zugleich, freilich ein Schlüssel, der ständig andere Türen öffnet und wieder verschließt, neue Räume zugänglich macht und wieder verschwinden lässt und schließlich das Bauwerk als Labyrinth kenntlich macht. Das Labyrinth, auch in den vorausgegangenen Romanen wie etwa in *Gegenmünchen* oder in *Das falsche Buch*, ist das Baumodell Paul Wührs und zugleich die Architektur der literarisch-autobiographischen Verstrickung. Der Ariadnefaden indessen ist alles andere als zuverlässig, eben nur ein *fauler Strick;* er führt deshalb auch immer wieder auf eine falsche Spur. Wo Privates berichtet wird, wirft bereits das Allgemeine einen Schatten, wo Konkretes entfaltet wird, hat schon Fiktives seine Spuren hinterlassen. Kaum hat der Leser seinen Faden gefunden, hat er ihn schon wieder verloren.

Irritierend, vor allem, wenn man die Whitehead'sche Philosophie oder Luhmanns Systemtheorie nicht als poetologischen Wegweiser anerkennen mag, ist allerdings das, was man früher die Verhältnismäßigkeit der Mittel genannt hat. Allzu Banales und höchst Sensibles, darauf möchte man doch bestehen, trennt eine enorme Fallhöhe. Paul Wühr aber mutet dem Leser gerade die Aufhebung dieser Niveauunterschiede mit intimen Blicken in subjektive Befindlichkeiten zu, über deren Irrelevanz sich noch nicht einmal streiten ließe. Manche Passage verlangt Überwindung der Langeweile, des Überdrusses, der Skepsis gegenüber dem Belanglosen. Immer wieder münden diese banalen Beobachtungen und Notierungen freilich in subtile Reflexionen, schließen Vergangenheit und Gegenwart einander ein, eine Kontinuität erzeugend, die nicht nur zeitlicher, sondern auch sinnlich-intellektueller Natur ist.

Aber vielleicht ist es ja gerade dies: dass vom radikal subjektivistischen Standpunkt aus die Dinge der Welt ihre Bedeutung nirgendwo anders haben als dort, wo sie wirklich entstehen, in diesem Fall in Paul Wührs Buch. Am 8.10.1985 notiert er:

»Ich bin im Bild. Das kann traurig heißen oder froh. [...] Aber bei mir ist das anders und doch so: Ich bin im Buch. Vielleicht ist ein Dichter ein ungeduldiger Mensch, der so schnell wie möglich ins Buch will. Am schlimmsten kam es mir vor und am schwersten fällt es mir: daß dieses Buch gar nie Wahrheit werden kann in einer Gestalt, die am Ende seiner Ausführung oder Darstellung sich mir vorstellt. Wie konnte ich mich für eine Figuration entscheiden, die sich selber erst im Laufe ihrer Entstehung und von Mal zu Mal – hier von Jahr zu Jahr – ehrlicher: von Tag zu Tag mehr entschied. Das sind diese Werke, in denen man nicht durch den Schoß zurückgreifen kann bis zum Foetus.«[167]

Paul Wührs Dichtung, insbesondere *Gegenmünchen*, ist vielleicht der erste ausgesprochen rhizomatische Roman im Sinne der *Tausend Plateaus* von Gilles Deleuze und Félix Guattari in deutscher Sprache. Ihre Definition des Rhizomatischen trifft erstaunlich genau das Verfahren, das Wühr in *Gegenmünchen* anwendet:

»Ein Rhizom [...] verbindet unaufhörlich semiotische Kettenglieder, Machtorganisationen, Ereignisse aus Kunst, Wissenschaften und gesellschaftlichen Kämpfen. Ein semiotisches Kettenglied gleicht einer Wurzelknolle, in der ganz unterschiedliche sprachliche, aber auch perzeptive, mimetische, gestische und kognitive Akte zusammengeschlossen sind: es gibt weder eine Sprache an sich noch eine Universalität der Sprache, sondern einen Wettstreit von Dialekten, Mundarten, Jargons und Fachsprache. Es gibt keinen idealen Sprecher-Hörer, ebensowenig wie eine homogene Sprachgemeinschaft. Die gesprochene Sprache ist [...] ›eine wesentlich heterogene Wirklichkeit‹. Es gibt keine Muttersprache, sondern die Machtergreifung einer vorherrschenden Sprache in einer politischen Mannigfaltigkeit. Die Sprache stabilisiert sich im Umkreis einer Pfarrei, eines Bistums, einer Hauptstadt. Sie bildet Knollen. Sie entwickelt sich durch unterirdische Verästelungen und Strömungen, sie folgt Flußtälern oder Eisenbahnlinien, sie breitet sich wie eine Öllache aus«.[168] Vermutlich hätte Paul Wührs unvollendetes Großprojekt *Der wirre Zopf* dem Gedanken des Rhizoms noch radikaler entsprochen und seinen Ruf als Meister der klaffenden Sinnlücken bestätigt.

Mark Z. Danielewskis verzerrte Welt

Der Roman des 1966 geborenen amerikanischen Schriftstellers Mark Z. Danielewski *House of Leaves* präsentiert sich nach dem klassischen Topos des zufällig aufgefundenen Manuskripts. Dieses Manuskript, das aus der Feder eines blinden Autors namens Zampanò stammt, ist unvollständig, zerfleddert, verlockend. Der Verlockung erliegt der Ich-Erzähler Johnny, und der verliert sich in der Endlosigkeit eines literarischen Horrorszenarios. Ähnlich wie *Null* ist dieser Roman zuerst im Internet veröffentlicht worden, allerdings nicht von verschiedenen Autoren, sondern von Danielewski allein. Dieser Roman, schreibt Richard Kämmerlings in der FAZ, »ist ein unheimliches Buch, schon der Schutzumschlag sagt es und warnt den Leser vor dem Betreten. Der Umschlag hat Recht, doch wem nützt es? Denn was das bedeutet, wo die Falle liegt, weiß man erst, wenn man selbst längst so tief verstrickt ist, dass auch eine noch so lange Rezension nicht mehr helfen kann. Denn *House of Leaves* ist ein Buch über das Lesen selbst, es erzählt von ebenden Erfahrungen, die der Leser macht, während er die Hauptfiguren bei ihrem Gang durch das Labyrinth begleitet. Am Ende wird er sich ebenso wie sie hoffnungslos darin verirrt haben und dennoch davon überzeugt sein, den Ausgang, die Lösung, die letzte Bedeutung finden zu können – wenn er nur noch gründlicher, noch tiefer sucht.«[169]

Leider hat die Suche kein Ergebnis – aber diese Sucht, dieser Ehrgeiz, doch Antworten zu finden, ist ja gerade Teil des Spieles um Entdecken und Verschwinden, Auffinden und Ausstreichen, Zeigen und Verbergen. Einen roten Faden findet man indessen nur abschnittweise; derartige Abschnitte können einen einigermaßen nachvollziehbaren Handlungsrahmen ergeben. So stellt zum Beispiel der sogenannte ›Navidson-Record‹, die Erzählung des von Zampanò gedrehten Films über dieses Haus, eine im Großen und Ganzen lineare Geschichte dar. Ihr ist leicht zu folgen, wenn man akzeptiert, dass im Inneren des Hauses Naturgesetze außer Kraft gesetzt sind. Andere Abschnitte, ja ganze Erzählstränge, sind in sich widersprüchlich, wirr, unzusammenhängend; die Charakterisierung und Handlungsweise der meisten Protagonisten ist nicht recht nachvollziehbar, nur im Detail, jedoch nicht im Ganzen verständlich. Die Handlungsschritte wandern von einem Textstück zum anderen, von hier zu den Fußnoten, dort von Stufe zu Stufe, manchmal kehren sie zurück, oft laufen sie ins Leere. Und so besteht auch das entdeckte Manuskript aus mehr oder minder zerfledderten Teilen:

»Seiten gab es übrigens haufenweise, wie sich zeigen sollte. Endlose Wörterschlangen – manchmal kringelten sie sich zu einer Bedeutung zusammen, manchmal zu rein gar nichts, oft rissen sie einfach ab, verzweigten sich jedes Mal neu und gingen woanders weiter, an Stellen, auf die ich [der Ich-Erzähler Johnny, Anm. des Verf.] erst später gestoßen bin – auf alten Servietten, auf einem aufgerissenen Briefumschlag, einmal sogar hinten auf einer Briefmarke; nirgendwo ein leerer Fleck; jeder Fetzen Papier komplett voll mit tintenen Verkündigungen, die sich über die Jahre hinweg schleichend angesammelt hatten; übereinander Geschriebenes, Durchgestrichenes, Verbessertes; Handschriftliches, mit der Maschine Getipptes; Leserliches, Unleserliches; Undurchdringliches, Verständliches; Zerfetztes, Beflecktes, Zusammengeklebtes; manches frisch und glatt und sauber, anderes verblasst, angekokelt oder so oft zusammengefaltet und noch mal zusammengefaltet, dass durch die Knicke ganze Abschnitte ausgelöscht worden sind, Passagen von weiß der Himmel wovon – Sinn? Wahrheit? Täuschung? von dem Vermächtnis einer Prophetei oder einer Raserei oder nichts dergleichen«.[170]

Dechiffrierungs-Spezialisten in den USA haben sich schon längst an die Arbeit gemacht, und natürlich: Wer sucht, der findet, wenn auch möglicherweise nur Bruchstücke, davon aber eine ganze Menge. Unter anderem hat sich Alison Gibbons auf die Rhizom-Spur gesetzt und einen nachvollziehbaren Zusammenhang zwischen der Gestalt (genauer: Ungestalt) des Rhizoms mit dem Labyrinth entdeckt und ihn auf *House of Leaves* angewandt:

»Rhizomatic novels are often cyclical; they provide numerous reading paths and prevent an absolute conclusion of the story/s. Even when the reader has taken in every single path, page, and/or sentence of this literary maze, s/he can reread the novel again in an alternative order, making it seem like a different story and appear endless. House of Leaves is rhizomatic in its employment of a multitude of reading paths and insistence upon readers' decision-making capacities, enticing them to lose their way and above all, encouraging them to explore. Like the labyrinth, it ›unfolds its creative negentropic potential in unending paths, infinite twists and rewindings, rendering the maze as narrative structure inexhaustible‹«.[171]

Indessen lässt sich der Roman auch als eine Versuchsbeschreibung lesen, deren Anordnung nach den sonderbaren Annahmen der Quantentheorie funktioniert, die besagt, »dass durch die Beobachtung einer Gegebenheit der Beobachter diese beeinflusst«.[172] Ganz zu Recht hat Richard Kämmerlings Mark Z. Danielewski als den genialischen Musterschüler von David Foster Wallace tituliert, dessen aus dem Jahr 1996 stammender Roman *Unendlicher Spass*[173] seinerseits »einer Ästhetik der Fraktale [folgt], bei der sich die Grundstrukturen auf jeder kleineren Ebene nach dem Prinzip der Selbstähnlichkeit wiederholen«[174], ein ins Unendliche getriebener labyrinthischer Diskurs über die Unmöglichkeit, das irdische Dasein zu verstehen. Unlesbar natürlich, und doch, man ahnt es schon, ein Jahrhundertroman.

Wir haben es mit einer Struktur zu tun, die das kybernetische Prinzip der Selbstregulierung zur Grundlage der Erfahrung macht und in dem die Stadtarchitektur sich je nach Näherung bzw. Berührung verändert und zu anderen topographischen Ergebnissen führt.

Man darf sich wohl in diesem Zusammenhang auch noch einmal an das vielleicht etwas eingestaubte Relikt einer nicht recht zu sich selbst gekommenen Schriftstellergeneration erinnert sehen: den Tagebuch-, Brief- und Empfindungsroman *Rom Blicke* von Rolf Dieter Brinkmann, der gewissermaßen die Schönheit der Ruine und ihre literarische Bewältigung an der exemplarischen antiken Stadt als einen Ruinentext durchexerziert hat. Er stellt sich freimütig an die Seite Nietzsches: »wir, die wir nur die ›Melancholie der Ruinen‹ kennen, können kaum jene ganz andersartige *Melancholie der ewigen Bauten* verstehen, gegen welche man sich zu retten suchen musste, wie es gehen wollte«[175] – und radikalisiert seinen ganz am Anfang seines Aufenthaltes gewonnenen Eindruck, »wie irrsinnig zerstückelt die Gegenwart ist, wenn man sie einen Augenblick auseinandernimmt in seine einzelnen Bestandteile und sie dann neu zusammenfügt«. So schafft er sich jenes »verwirrende Miniatur-Labyrinth« in Textgestalt, das er in Rom vergeblich sucht.[176]

Samuel R. Delanys zerrüttete Welt

Ruinen einer zukünftigen Welt bilden die Kulisse des Romans *Dhalgren* des amerikanischen Science-Fiction-Schriftstellers Samuel R. Delany, des wichtigsten Vertreters des amerikanischen New Wave. Dieser Roman ist, wie man ganz am Schluss erfährt, ein therapeutisches Arbeitsprotokoll, dessen zugrundeliegende Zielsetzung darin besteht, den Protagonisten des Romans bzw. den Patienten von allen jemals gelesenen, im TV oder im Kino gesehenen und vielleicht auch erlebten Personen und Szenarien zu befreien, um nicht zu sagen, zu erlösen.[177] Hierzulande ist *Dhalgren* nicht in den Blick der seriösen Literaturkritik geraten, da es sich um Science-Fiction handelt, die bekanntlich für trivial gilt. In Amerika zählt *Dhalgren* aber doch zu einem der bedeutendsten literarischen Werke der 70er Jahre und wird den Klassikern *Moby Dick* oder gar *Finnegans Wake* an die Seite gestellt. Der amerikanische Autor Sam Andersen schreibt:

»800 epic pages of gorgeous, profound, clumsy, rambling, violent, randy, visionary, goofy, postapocalyptic sci-fi prose poetry. The book is set in Bellona, a middle-American city struggling in the aftermath of an unspecified cataclysm. Phones and TVs are out; electricity is spotty; money is obsolete. Riots and fires have cut the population down to a thousand. Gangsters roam the streets hidden inside menacing holograms of dragons and griffins and giant praying mantises.«[178]

Der Roman entstand in den 70er Jahren, in einer Zeit, in der derartige Fragen nach Chaos und Ordnung offenbar ziemlich aktuell waren. Die Literatur hatte Gelegenheit, sich der schönen Formel von der »Melancholie der Ruinen« zu erinnern, und, wenn nicht zu erinnern, so doch an dem Tiefsinn dieser schönen Verse des Hamburger Physiologen, Senators und vor allem Dichters Barthold Heinrich Brockes (1680–1747) zu orientieren, freilich nicht zu erbauen, wie von Brockes intendiert.

> »So können uns die prächtigen Ruinen,
> Auf diese Art, zu mehr Erbauung dienen,
> Als ihre vor'ge Pracht.
> Man kann in ihrem Schutt mehr Trost und Lehre finden,
> Als wenn sie noch, wie vor, im Glantz und Schimmer stünden«.[179]

Delanys »Buch ist eine Erfahrung, wonach man mehr von der Welt versteht«, stellt Theodore Sturgeon diesen Text auf dem Titelblatt der deutschen, bei Bastei Lübbe erschienenen Ausgabe auf die Ranghöhe einer Initiationserfahrung. Delanys Roman *Dhalgren* gehört in der Tat zu den labyrinthartigen Jenseitsreisen mit deren Merkmalen: einem höhlenartigen Zugang[180], der Namenlosigkeit des Helden, einem mäandernden Gang durch die Ruinenstadt, die ja auch eine Art Totenstadt darstellt. Die Stadt selbst verändert sich ständig in ihren Perspektiven und Proportionen – »Es ist eine Stadt innerer Zwietracht und der optischen Verzerrungen«[181] –, der Bausubstanz ihrer Häuser etc. Es gibt keine Verlässlichkeit, jeder Bewohner der Stadt verfügt über andere Informationen und Kenntnisse, untereinander herrscht Misstrauen, bis in die Feindschaft gehende Fremdheit und Unsicherheit, gerade auf dem Gebiet der Sexualität. Die Tücke des Romans besteht darin, dass er im Detail, in der einzelnen Szene oder Episode zum Teil ausufernd konkret, rational und buchstäblich naturalistisch erscheint, im Ganzen jedoch keinen wirklichen Sinn ergibt, jedenfalls nicht, bis sich die Vermutung erhärtet, dass die Erzählung die Darstellung eines Wahnsinnigen ist und Teil einer psychotherapeutischen Sitzung. Auf die Frage nach den Symptomen der Verrücktheit erzählt der irre Erzähler, der im Anschluss an diese Sitzung zumindest Teile seines Namens wiederfindet, einen Traum, der uns an den Beginn des Romans zurückführt:

»Ich habe geträumt ... Ich ... ich war in einem Wald, an einem Bergabhang. Der Mond schien – ein Mond. Und diese Frau, eine gutaussehende Frau, ein paar Jahre älter als ich, kam auf mich zu über die Felsen und über das Laub. Sie war nackt. Und wir haben in den Blättern miteinander gebumst. Einfach so. Als wir fertig waren, stand sie auf und rannte durch das Gebüsch –

– Ihr Liebesakt war aber im Traum beendet?

Ja. Nachdem wir gekommen waren, stand sie auf und rannte durch den Wald zu dieser Höhle und sagte, ich solle hineingehen.

– Und Sie gehorchten?

Ja. Daran kann ich mich ganz deutlich erinnern [...].«[182]

Manche amerikanische Rezensenten nennen den Roman ein Puzzle; tatsächlich aber würde ein solches nach womöglich endlosen Mühen immerhin ein zusammenhängendes Bild ergeben. Das ist aber bei *Dhalgren* eben nicht der Fall. Die Erzählung, so schreibt Grath Risk Hallberg, »doesn't resolve, but folds back into itself. It is famously a circular text, in the manner of *Finnegans Wake*. And yet, unlike that book, *Dhalgren* generates a fair amount of suspense out of questions of ›what really happened‹«.[183] Zwischen Mikrokosmos und Makrokosmos macht sich ein zunehmender Abstand breit. Er spaltet die Realitäten; sein Keil verwandelt die Welt in eine Monstrosität, in einen Raum voller Zeichen und Verweise, wahrzunehmen wie durch eine Linse:

»Es beginnt auf beiden Seiten spiegelnd: anfänglich beruhigend, aber schließlich doch verwirrend... Jetzt sehen Sie mehr und mehr hindurch. Wirklich [...] es ist eine Linse. Die Übergangsperiode ist fast immer peinlich. Trotzdem: Während Sie noch durch die Fetzen Ihrer eigenen Reflexion verwirrt sind, haben Sie schon angefangen, zu vermuten, es sei doch ein einseitiges Glas – mit besserem Blick von der anderen Seite! Aber einmal daran gewöhnt, finden Sie Ihren Blickwinkel interessanter [...]. Jetzt sind Ihre Augen durch einen wiederholten Vielfarbenblitz geblendet. Sie versuchen, ihn zu ignorieren. Aber die Häufigkeit nimmt zu. Aus Gewohnheit überprüfen Sie die eingeschnittenen Runen, um sicherzugehen. Aber, ganz ehrlich gesagt, ist es in Momenten der Beleuchtung unmöglich, sie zu lesen, und noch weniger, festzustellen, ob sie sinnvoll sind. Das Ding, das Sie getragen haben, ganz zu schweigen davon, daß Sie die ganze Zeit hindurchgestarrt haben, ist zu einem immensen Prisma geworden«.[184]

Von besonderem Reiz ist die Tatsache, dass sich dieser ganze Roman im Grunde um den Versuch dreht, Gedichte zu schreiben und einen Lyrikband zu veröffentlichen, eine Art Sucht, die der amerikanische Autor David Foster Wallace als »das Bedürfnis nach Aufschreiben, nach Verschriftlichung« charakterisiert, das ihrerseits der panischen Zwickmühle von Menschen entspringt, die viel Zeit im eigenen Kopf verbringen.[185] Kid(d), die changierende Hauptfigur und der Erzähler zugleich, führt ein Notizbuch bei sich, in das er seine Beobachtungen, Entwürfe, Gedichtzeilen schreibt:

»Wieder blickte er auf sein Notizbuch. Mit dem Daumen schnackte er die Haltespange des Stifts aus der Spirale und starrte weiter auf den Deckel: Klick-klick, klick-klick, klick.

In großen Buchstaben schrieb er auf den Pappdeckel: Messing Orchideen. Und wegen des Drecks konnte man es kaum lesen.

Er blätterte bis zu den letzten Seiten (stoppte bei dem Gedicht *Elegie*, las zwei Zeilen, eilte dann weiter) und verspürte vertrautes Gefühl: Auf der Seite, auf der er zuletzt geschrieben hatte, lauschte er auf den Rhythmus seiner inneren Stimme und konzentrierte sich darauf, das innere Gestammel zu zähmen«.[186]

Das Buch *Messing Orchideen* wird sogar gedruckt und fortan – etwa ab Mitte des Romans – zu einem Leitmotiv. Einzelne Exemplare tauchen immer wieder auf, werden Gegenstand der Erörterung, der Widersprüche, des Widerwillens und Zorns, gelegentlich auch der Bewunderung. Die Gedichte der Sammlung stellen eine Art Folie dar, auf der die Irrealität der Stadt und ihrer Bewohner abgebildet wird. Leider lernen wir den Wortlaut der Texte – von wenigen Ausnahmen abgesehen, und die enthalten eher theoretische Erörterungen – nur in Ausschnitten kennen, bestenfalls durch Reaktionen von Lesern.[187] Zudem können wir nicht sicher sein, welches der kursierenden Notizbücher bzw. gedruckten Exemplare jeweils aktuell in Erscheinung tritt. Alle Texte und Gedichte beziehen sich aber auf diesen Ort und das Geschehen in ihm: »Nicht nur, daß sie über diese Stadt hier sind, Bellona, sondern daß Bellona in denen, an die ich mich am besten erinnern konnte, die Atmosphäre schafft, die Gedichte ... nun, erst hervorbringen«.[188] Das Buch konstituiert, wenn man so will, den Ort bzw. Fixpunkt seiner Identität. Gelegentlich geht ihm das Notizbuch verloren, aber er erhält es immer wieder zurück. Doch seine Identität ist unsicher: »Wenn ein Schriftsteller«, so das Vorwort des Notizbuchs, »eines Tages an einem Spiegel vorbeigeht und sich nicht selber sieht, sondern eine Person seiner Erfindungskraft, könnte er zwar seine geistigen Fähigkeiten in Frage stellen, obschon er nicht überrascht sein wird. Aber er hätte doch irgend etwas, auf das er sich beziehen könnte. Aber wenn er auf der anderen Seite vorbeigeht und nicht sich selber sieht, sondern den Autor, einen völlig Fremden, der ihn anstarrt, zu dem er keine Beziehung hat, was bleibt dieser armseligen Kreatur noch?«[189]

Die Gedichte und ihre Wörter bringen die Welt erst hervor, indem sie sie beschreiben – das ist ganz im konstruktivistischen Geiste gedacht. Und dieser ist natürlich auch in der Entscheidung am Werk, ob unser Protagonist und gelegentlicher Ich-Erzähler geisteskrank, verwirrt oder ziemlich normal ist.

Ernst Augustins traumatisierte Welt

»Sie haben dieses Haus betreten«, heißt es am Schluss des vierten Romans des Neurologen und Psychiaters Ernst Augustin, *Raumlicht: Der Fall Evelyne B.* »Sie haben die Schwelle überschritten und die Tür hinter sich geschlossen, und danach ist alles anders gewesen. Ein Zeitsprung setzt ein. Die Schwelle, die Sie überschritten, setzte sich in rasender Geschwindigkeit, wie Sie wohl bemerkt haben, vom Straßenniveau ab, eine Raumsondenfahrt durch x-fache Dimensionen begann, denn Sie befanden sich, wie Sie ebenfalls bemerkten, nicht in einem Haus, sondern in einem Raumschiff, in einem Raumlichtschiff, das x-fache Dimensionen rasend durchfährt [...].«[190]

Was hier dem Patienten des Psychotherapeuten und Ich-Erzählers widerfahren ist, ein »Wahrnehmungstraining [...], in welchem nichtvorhandene Dinge wahrgenommen werden und vorhandene Dinge nicht wahrgenommen werden«[191], das widerfährt dem Leser von Ernst Augustins Romanen auf verblüffende Weise selbst, freilich ohne dass er es sogleich bemerkt. Oft befindet er sich noch im Gefühl einer geradlinig erzählten Handlung, gewissermaßen auf dem Boden der Tatsachen, da merkt er plötzlich, dass er schon längst auf äußerst unsicherem Boden steht, ebenso beispielsweise wie sich Hawk Steen, der Protagonist des

Romans *Der amerikanische Traum,* plötzlich »auf dieser braunen schwappenden Ebene«[192] wiederfindet, die ihn zu verschlingen droht, oder wie Evelyne B. in *Raumlicht*, die im künstlich geschaffenen Meeressturm gegen die Wellen kämpft: »Dies ist der Augenblick, wenn wir schon wegsinken, um den seegrünen Tod in uns hineinzutrinken [...], daß wir auf unerklärliche Weise und kurz zuvor – das ist die Gnade – die Welt durch eine Spiegeltür verlassen dürfen.«[193] Und wie die Hauptfigur Türmann in Augustins erstem Roman, *Der Kopf*, von dem es, gewissermaßen als Präambel des Ganzen, heißt:

»Türmann lebte wirklich
er lebte zwischen Gastürmen und Mietshäusern
und ging in einem Strom von Wirklichkeit spazieren
zu Hause aber in seiner Kommode
hielt er sich einen Sandkasten mit kleinen Gastürmen
und Mietshäusern
und in diesem Sandkasten
lebte ein Mann namens Asam, der dort in einem Strom von
Wirklichkeit spazieren ging
der aber zu Hause
in seiner sehr kleinen Kommode gleichfalls einen Sandkasten
hatte, in welcher ein Mann zwischen Glastürmen und Mietshäusern spazieren ging
überzeugt, daß es ihn wirklich gäbe.«[194]

Wie immer bei Augustin wird aus diesem Denktraum unversehens Ernst, weil er schon längst Wirklichkeit ist, ehe er zu Ende formuliert wurde. Ernst Augustins Spiel mit den Möglichkeiten ist auch ein Spiel der Möglichkeiten mit Ernst Augustin und seinen Lesern. Die Täuschungen, die perspektivischen Verzerrungen, die Zeitsprünge: Nicht der Autor macht sie uns vor, es ist die Wirklichkeit selbst, oder was wir dafür halten, die die Täuschungen hervorruft. Wirklichkeit ist eben ganz anders, als wir sie uns vorstellen, oder: Wirklichkeit ist nichts anderes als das, was wir uns konstruieren. Man könnte auch sagen, wie in *Raumlicht*: »Was ist normal? Eine Klassenbezeichnung. Normal ist eine möglichst große Ansammlung Mensch, welche aufgrund gleichgerichteter Wahrnehmungen einen möglichst gleichgerichteten Realitätsbezug herstellt, und zwar, gestützt auf die Majorität, einen absoluten [...].«[195]

Aber gerade diesen gleichgerichteten, also geordneten Realitätsbezug erkennt Ernst Augustin natürlich nicht als verbindlich, geschweige denn als absolut an. Seine Wirklichkeit ist eher nach innen gestülpt, wie es einmal, ebenfalls in *Raumlicht*, heißt. Die Logik der Dinge ist daher nicht von außen bestimmt, also nicht gesetzmäßig.

Dieser nach innen gestülpten Wahrheit spürt Ernst Augustin nach – in seiner eigenen Symbiose mit den Orten, an denen er gelebt hat oder lebt: in Mecklenburg oder Berlin, wo er studiert und als Nervenarzt an der Charité praktiziert hat, in Afghanistan, wo er ein amerikanisches Krankenhaus geleitet hat, in Indien, wohin er Reisen unternahm, in München, wo er als Gutachter tätig war: Orte, Landschaften,

Begegnungen mit Menschen, die in den Romanen immer wieder auftauchen, dort ihre Spuren hinterlassen, Symbiosen initiieren. Und Begegnungen mit dem gleichgerichteten Realitätsbezug der Majorität, die ihn fragen lassen: »Aber wie, wenn es umgekehrt wäre, wenn gerade die Majorität sich irrte, in einem schrecklichen Irrtum befangen wäre, aus dem aufzuwachen sie sich mit allen Mitteln, aber auch wirklich allen Mitteln, wehrte, wer will das wissen.«[196]

Als 1962 Ernst Augustins erster Roman *Der Kopf* erschien, fand Hans Magnus Enzensberger die treffende und bündige Formulierung, der Roman sei »ein bodenloser Scherz«, der »in unserer Literatur seinesgleichen« suche.[197] Seinesgleichen hat *Der Kopf* seither immer noch nicht gefunden, jedenfalls nicht außerhalb der Arbeiten von Ernst Augustin selber. Dafür sind alle nachfolgenden Bücher von ihm ebenfalls bodenlose Scherze; Erzählungen, die nach kürzester Zeit und innerhalb von Sekunden abstürzen in finsterste Regionen, verwirrende Räume, verborgene Lebensläufe, rätselhafte Abenteuer: in Labyrinthe von Identitäten und Wirklichkeiten, falschen und wahren. Auf sonderbar leichte Weise, als Groteske wie in *Eastend*, als surrealistische Manifestation wie in *Der Kopf*, als Ausfabulierung trivialer Heroenmythen wie in der Abenteuerfiktion *Der amerikanische Traum* – immer setzt Ernst Augustin die klassischen Erzählmuster und erwarteten Relationen außer Kraft, und das heißt, er überspringt die normalen Gesetze von Raum und Zeit. Wobei die Initialzündung nicht selten katastrophale Dimensionen hat: eine Explosion, ein tödlicher Schuss, ein schizophrener Anfall, eine Trennung. Und was dann folgt, ist eben nicht das Ende, sondern der Beginn aller Phantasie, eine Dynamik phantastischer Prozesse, die von der Majorität mit allen Mitteln abgewehrt wird.

Augustins Kunstfertigkeit besteht darin, diese Abwehr zu unterlaufen, indem er das, was normalerweise Angst macht, als Potential, ja als Waffe versteht: Er erkennt die »braune schwappende Ebene«, den Sumpf, in dem sich der letzte Kampf Hawk Steens abspielt, als »tödliche Waffe«[198], er macht es möglich, die Welt aus einer Spiegeltür zu verlassen, er kann, so in *Eastend*[199], eine Korrektur der Wirklichkeit herbeizaubern. Diese Korrektur der Wirklichkeit indessen, das Rezept, ist die Geheimwaffe der Minorität und den Normalen nicht zugänglich.

Augustins Vermögen, Zeit und Raum außer Kraft zu setzen, seine Verschiebung der Realitätsfelder – es wäre kaum möglich, sie solcherart in Szene zu setzen, wenn Augustin nicht auf professionelle Weise Zugang hätte zu derartig verschobenen und derartig sich verschlingenden Tiefenstrukturen des Lebens. Aber Augustin, der Neurologe und Psychiater von Profession, dreht gewissermaßen als Literat in seinen Romanen den Spieß um: Er wendet die Diagnose gegen die Diagnostiker, etwa in dem Sinne, in dem Gilles Deleuze und Félix Guattari 1972 das Kernstück der Psychoanalyse, den Ödipus-Komplex, als imperialistischen Schachzug der Gesellschaft und die Schizophrenie als Krankheit des modernen Menschen diagnostiziert haben:

»Ungeahnte Leiden, Schwindel und Krankheiten kennen sie. Sie haben ihre Gespenster. Sie müssen jede Geste neu erfinden. Aber ein solcher Mensch erschafft sich als freier, unverantwortlicher, als einsamer und fröhlicher Mensch, der endlich fähig ist, ohne Erlaubnis in seinem Namen etwas Einfaches zu sagen und zu tun, Wunsch, dem nichts fehlt, Strom, der die Sperren und Codes durchbricht, Name, der kein Ich mehr bezeichnet. Er hat einfach aufgehört, Angst vor dem Verrücktwerden zu haben«.[200]

Ernst Augustin schreibt in seiner literarischen Fallstudie zum Fall Evelyne B.: »Die Schizophrenie ist nichts anderes als die Angst zu existieren, oder die Angst, möglicherweise nicht zu existieren«.[201] So scheint mir, löst Augustins Schreiben in Ambivalenzen auch das ein, was Deleuze und Guattari für die Literatur postulieren: »Literatur ist ganz wie die Schizophrenie: Prozeß und kein Ziel, Produktion und nicht Expression.«[202]

Wie ein Leitmotiv durchzieht das Modell der Welt im Kopf die Romane Ernst Augustins; die Romane sind selbst solche Modelle. Erst im Zusammenhang wird deutlich, dass jeder von ihnen einen eigenen Wunschraum abschreitet und andere Codes durchbricht. Einzig der Roman *Mamma* macht da anscheinend nicht mit. Liest man ihn isoliert, wie die Kritik dies natürlich getan hat, enthält er nichts als eine Überfülle von mehr oder minder realistisch erzählten Lebensläufen. Betrachtet man ihn aber im Zusammenhang mit Augustins Gesamtwerk, dann wird er zum Spiegel. Zum Spiegel der vergeblichen Suche nach dieser Welt im Kopf, die durch nichts, und schon gar nicht durch die konventionellen Standards unserer Gesellschaft herzustellen und aufzufinden ist, außer im Raumlicht, außer: in der Phantasie, außer: in der Literatur. »Die Kunst«, beschwört der Psychotherapeut Almond Grey seinen Gesprächspartner Bannister in *Eastend*, »ist die einzige wirkliche und wahre Magie«.[203]

Pasolinis Antwort auf die Schizophrenie der Gesellschaft

Der Schizophrenie als individuellem Krankheitsbefund steht, im Sinne des *Anti-Ödipus*, die Schizophrenie als Ausdruck gesellschaftlicher Bedingungen gegenüber: »Die Schizophrenie als Prozeß ist die Wunschproduktion, aber nur wie sie am Ende, als Grenze der von den Bedingungen des Kapitalismus determinierten gesellschaftlichen Produktion in Erscheinung tritt. Sie ist unsere ›Krankheit‹, die des modernen Menschen«.[204] Pier Paolo Pasolini hat in seinem Roman *Petrolio*[205] diesen Prozess, dieses Himmel-und-Hölle-Spiel der Persönlichkeitsspaltung als Doppelbiographie eines Carlo und seines Doubles Carlo 2 bzw. Karl inszeniert, weshalb »die Trennung von Carlos Ich in zwei Hälften in Wirklichkeit jedesmal [[die]] Beziehung zwischen einem halben Ich und einem ganzen Es darstellt«.[206] Der Roman, das »furiose Porträt einer obszönen, machtgierigen und ichbesessenen Gesellschaft«[207], spielt in den siebziger Jahren – und war beim posthumen Erscheinen 1992 in Italien, also 17 Jahre nach dem gewaltsamen Tod Pasolinis, ein Skandalon, weil er, wie sich die Zeitung *La Repubblica* damals mokierte, bloß ein riesiges Repertoire an Schweinereien biete, d. h. freimütig und brutal Geschichten unterm Strich, sprich: unterhalb der Gürtellinie, zum Besten gab. Folgerichtig besteht dieser Roman – »ein Epos über die Besessenheit von der Identität und zugleich über ihre Zersplitterung«[208] und ein »durch seine vitale Unleserlichkeit und ideelle Unerschöpflichkeit folterndes Werk persönlicher und ästhetischer Endzeit«[209] – praktisch nur aus Anmerkungen.[210]

Den Haupttext – er spiegelt sich, so könnte man sagen, in der Aufsatzsammlung der *Freibeuterschriften*, den Filmen, den Kritiken Pasolinis – schreibt die Wirklichkeit selbst und handelt von der unheiligen Allianz aus Großindustrie und Mafia in Italien. Dagegen: die Träume – Träume exzessiver und obszöner Sexualität. Sie zu verwirklichen, ist das entschiedene Lebensziel des Protagonisten Carlo, ein auf dichtesten Raum gedrängter manisch-depressiver Typ mit Borderlinesymptomen. Carlo ist ein gespaltener Mensch, mit einem unendlichen Bewusstsein »vom Besitz des Zukünftigen, von Sanftheit und Wohlwollen der repressiven, strafenden Welt, die jedoch versteckt zuläßt, daß man bis in alle Ewigkeit Dinge tut wie die, von denen Carlo voll wilder und stiller Freude träumt«.[211] Eine Obsession:

»Wie jedesmal, wenn er onanierte, fiel er unversehens in einen tiefen Schlaf, der ihn in einen moosigen Schlund aufnahm, gerade in dem Augenblick, in dem die Imagination vor Carlos geschlossenen Augen Akte und Handlungen ausmalte, die weit über jede reale Möglichkeit hinausgingen, von denen er aber überzeugt war, daß er sie, auch auf Kosten von Entsagungen, Ängsten und Gefahren, schließlich doch noch verwirklichen würde. Das und nichts anderes war der Zweck seines Lebens.«[212]

Das ist der Lebenszweck Carlos des Zweiten und seine »unendlich wiederholte Behauptung eines Rechts gegen eine verknöcherte, ihrerseits tausendmal ausgeübte Repression«, in der »im Grunde nichts anderes als ein bißchen Anarchie und viel Idyll« liegt.[213] Carlo der Erste hingegen lebt in dem Schuldverhältnis der Gesellschaft, aber als eine Art Held: »Die Sünde | Die Schuld | der Selbstbereicherung, des Besitzenwollens, des Fortkommens, des Erreichens: alles Dinge, die man tragischerweise immer gegen das eigene Gewissen und gegen die Freiheit des Nächsten unternimmt«.[214] Jedoch gilt: »daß Carlo kein sensibler, von Komplexen geplagter Intellektueller war, sondern ein Tat- und Machtmensch«.[215] Für beide gilt freilich die Maxime Pasolinis, dass »Sex alles befestigt, alles anschaulich und existentiell mühelos macht«.[216]

Von hier aus gesehen und vielen vergleichbaren Stellen in diesem Buch erscheinen die noch immer, auch unter gewandelten bzw. gelockerten Moralvorstellungen als pervers geltenden Sexualpraktiken[217] als internalisierte Reaktionen auf die *Zerstörung der Kultur des Einzelnen durch die Konsumgesellschaft*, wie der Untertitel der *Freibeuterschriften* in Deutschland heißt. Die Bedingungen dieser Gesellschaft, der Realität mithin, sind es, die eine Pathologie der Psyche hervorrufen – wir kennen diesen Gedankenkern auch aus dem *Anti-Ödipus* von Gilles Deleuze und Félix Guattari; er zieht sich als schizophrene Verhaltensweise durch Pasolinis Roman insgesamt und zeigt sich in ebendiesem klischeehaften Wechsel extremer Launen und Stimmungen. Ein Beispiel: Tristram hatte bemerkt, »daß Giana, die kleine Negersklavin […] auf selbstverständlichste Weise seine Stimmungswechsel und die Veränderungen seines Verhaltens hinnahm. Tristram war natürlich freundlich, sanft und gütig zu [[ihr, außer]] wenn er sich [[entschloß]], zu sadistischen Praktiken überzugehen«[218], ein Übergang, der durch nichts hervorgerufen wird, sondern habituell, als *inkorporierte Notwendigkeit*[219] vorhanden ist. Diese Szene lässt sich gewiss insgesamt als Beispiel für das unüberbrückte Miss- bzw. Abhängigkeitsverhältnis des damals noch *Dritte Welt* genannten Orients und Afrikas von dem Westen nehmen. »Doch die Verbindung dieser beiden Kulturen«, gibt uns Pasolini als winzige Utopie zu verstehen, »war die einzige Möglichkeit eines demokratischen Verhältnisses zwischen Menschen wie Tristram und Menschen wie Giana. Auf der Welt gab es keine andere Lösung für ein zivilisiertes Zusammenleben, das der Vernunft entsprach«.[220]

Schon früh hat Pasolini also jene sozialen Bedingungen und Verhaltensmuster, die Pierre Bourdieu unter anderem als habituelle Strukturen wissenschaftlich dargestellt hat, literarisch in *Petrolio* »entsprechend den zehn Höllenkreisen und fünf Höllenpfuhlen der ›Göttlichen Komödie‹«[221] als einen bösen Kern ausführlich beschrieben.[222]

Einem Höllentrip ähnlich ist auch der faustische[223] Pakt, den der Intellektuelle – der, wie immer, gewisse Parallelen zu Pasolini selbst aufweist – mit dem Teufel schließt und ihn zur Heiligkeit und darüber hinaus zu der Erkenntnis führt, »daß die Wahrheit, in der er plötzlich lebte, ein Werk [[der Lüge]] war; daß das Gute, dessen er sich [[unversehens]] auf überirdische Weise erfreute, durch das Böse hervorgebracht worden war; daß die Offenbarung [[vermittels]] seiner niederträchtigsten Empfindungen stattgefunden hatte.«[224]

Man ahnt, wohin das führt – in eine mehr oder weniger ungeordnete, zwischen Klarheit und sexuellem Obskurantismus changierende Erzählung. »Sie gehört ihrem Wesen nach«, so Pasolini in einer Art Poetik des Schreibens, »zum Bereich des ›Unlesbaren‹, und ihre Lesbarkeit ist mithin gekünstelt: ein zweiter Wesenszug, jedoch nicht weniger real als der erste«. Und genauer:

»Wenn man hätte berichten wollen, was Carlo während seines Aufenthalts in Turin gemacht hat, und dies dem ›Protokoll‹ Pasquales entnommen hätte, wäre das Gleichgewicht der Erzählung fatalerweise zur ›Lesbarkeit‹ hin ausgeschlagen. Dagegen ist es meine Pflicht als Schriftsteller, das von mir zu Schreibende ex novo zu entwickeln: und dies nicht, weil es so sein muß, sondern vielmehr auf Grund eines ausgesprochenen Zwangs, dem ich mich in keiner Weise zu entziehen vermag. Auch wenn ich es nicht entschieden und gewollt hätte, so muß das Geschriebene – wenn vielleicht auch nicht lexikalisch oder formal – zwangsläufig ein ›neues Spiel‹ sein: denn alles in ihm ist gewichtige Allegorie, geradezu mittelalterlich (eben unlesbar). Dieser Aufgabe muß ich nachkommen. Und der Leser möge es mir nachsehen, wenn ich ihn mit derlei Dingen langweile: aber ich *lebe* nun einmal die Genesis meines Buches«.[225]

Der Extremfall dieses Spiels mit dem Unlesbaren besteht darin, »daß ein ganzer Abschnitt des Werks in griechischen oder neugriechischen Buchstaben geschrieben und daher praktisch unlesbar ist, eben dadurch aber nichts anderes als ›etwas Geschriebenes‹ darstellend, wird nun wiederholt. Diesmal sind die Buchstaben japanisch. Hier kommen die reine Ideenschrift und bezeichnende Unlesbarkeit offensichtlich [[noch]] besser zum Ausdruck«.[226] Pasolini greift hier und wiederholt zum Begriff einer architektonischen Symmetrie und damit zu einem Strukturprinzip, das man auch als Resonanz bezeichnen könnte. Es ist freilich nicht widerspruchsfrei und in mancher Hinsicht auch willkürlich, jedenfalls nicht mathematisch-naturwissenschaftlich nachvollziehbar. Die »Versuchung«[227] zur symmetrischen Konstruktion steht gleichwohl neben Schizophrenie, Spaltung, Verwandlung, Verdoppelung – es sind all dies literarische Verkleidungen einer Identitätssuche, in die der Autor stets involviert ist: »Auch ich bin Untersuchungsobjekt.«[228] So wird aus dem Schreibprozess ein Suchvorgang, der zwischen individueller Erfahrung gesellschaftlicher Veränderungen, einer vehementen Feindschaft gegenüber dem uferlosen, speziell italienischen Kapitalismus, der Macht schlechthin und verwegenen Träumen einer in sexuelle Obsessionen gekleideten Befreiung von der repressiven Toleranz, um ein damals gebräuchliches Schlagwort Herbert Marcuses aufzugreifen[229], mäandert.

Dieser Suchvorgang manifestiert sich im Schreibvorgang selbst; insofern ist der Roman zwar ein Fragment, jedoch als Teil der ohnehin unvollendeten Moderne[230] auch ziemlich passgenau unvollendbar. Er rekurriert zudem mithilfe eines exquisiten literarischen Fundaments auf eine gut verpackte literarische und mythologiegeschichtliche Tradition: »Unser Literat«, so erzählt Pasolini, wohl auch wieder als teilnehmender Beobachter, der ja immer zugleich Autor und Kommentator, Dialogpartner des Lesers und Kritiker in den Träumen ist, entdeckt in einem Stand an der Porta Portese einen halb geöffneten Koffer voller Bücher[231]:

»[E]in Teil dieser Bücher war [...] herausgefallen, und der Titel eines von ihnen war es, der die Aufmerksamkeit unseres Intellektuellen mit dem venetischen Nachnamen auf sich gezogen hatte. Es handelte sich um einen Titel, der für einen Italiener komisch klingt: *Sterna i teoriya romana* von Schklowskij.[232] Und damit wird der Leser bereits verstanden haben, um welchen Koffer es sich handelte. Müde und doch etwas neugierig hatte unser Intellektueller mit einem kurzen Blick erkannt, daß es sich um eine richtiggehende kleine und [[ziemlich kohärente]] Bibliothek handelte, und begonnen, unter den Büchern herumzustöbern und in ihnen zu blättern. Das erste Buch, das ihm in die Hände fiel, war eine sehr billige kleine Ausgabe von *Die Dämonen* von Dostojewski: alles unterstrichen, kann man sagen, von der ersten bis zur letzten Zeile; gewissermaßen [[an ihr]] klebend, als handle es sich um einen einzigen Band, waren *Die Brüder Karamasow*: weitaus weniger unterstrichen, doch wesentlich entschlossener, fast gewalttätig: ein paar Seiten waren von der Kugelschreiberspitze sogar zerrissen worden.[233] Dann eine kleine und ebenfalls billige Ausgabe der *Göttlichen Komödie,* in der sich lediglich ein einziges Indiz fand, nämlich ein Eselsohr auf der Seite, wo der XXIX. Gesang des ›Fegefeuers‹ begann. Wohingegen die Seiten über Dante (und auch über De Sade) in einem französischen Bändchen üppig unterstrichen waren: *L'ecriture et l'expérience des limites* von Philippe Sollers. Dann folgten durcheinander der ganze Swift, der ganze

Hobbes, der ganze Pound. Besonders unterstrichen und sogar mit Anmerkungen versehen war der ganze Propp.[234] Neben Propp befand sich, offensichtlich [[nicht zufällig]], Apollonius Rhodios, *Argonautenfahrt.* Und *Thalassa* von Ferenci. Auch *Der Staat* von Platon und die *Politik* von Aristoteles: gelesen, sicher, aber nicht viel unterstrichen. Und so auch die *Denkwürdigkeiten eines Nervenkranken* von Schreber[235] und das *Inferno* von Strindberg [...]. In der Mitte des Koffers, wie in einem ›Ehrenwinkel‹, befanden sich die fünf folgenden Bücher: *Don Quichotte, Tristram Shandy, Tote Seelen, Ulysses* und *Finnegans Wake.* Inmitten eines anderen Haufens waren Bücher (das *Alte Testament,* Bellis[236] Gedichte und ein Dutzend Bücher über Linguistik) aus dem Koffer herausgefallen.«[237]

Die Kohärenz dieser kleinen Bibliothek besteht nicht nur innerhalb derselben, sondern vor allem natürlich zu Pasolinis Projekt einer geplanten Summe selber. Die Bücher und Themen sind Arbeits-, Diskussions- und vor allem auch Spielmaterial für den eigenen Schreibprozess. Sie liefern, ihrerseits quasi Anmerkungen zum Text, Hinweise auf das literarisch-ästhetische Fernziel: eine epochale, über die Zeit weisende freie, komplexe, nicht-lineare Schreibweise, ein Puzzle aus frei schwebenden, oft miteinander verketteten und dann doch wieder singulären Bruch- bzw. Einzelstücken. Natürlich lassen sich einzelne Stränge herauspräparieren – aber das Ganze ist doch so etwas wie ein kosmischer Raum zwischen glänzenden Sternen und schwarzen Löchern, in seiner Offenheit unendlich, ganz im Sinne einer Veränderung des Lebens, die Pasolini in den 70er Jahren als gegeben annimmt: »Ich will […] sagen, daß, wenn sich der Sinn des Lebens verändert, dies natürlich das Muster einer kosmischen Krise einschließt. Es hilft nichts, wenn man sagt, daß die von Carlo in seiner Vision [einer an Dantes Höllenwanderung angelehnten Passage] gesehenen Personen nicht wissen, daß die Krise, die sie erleben, eine kosmische Krise ist, die im Übergang vom natürlichen ›Jahreszeitenzyklus‹ zum industriellen ›Produktions- und Verbrauchszyklus‹ besteht. Ersterer war langsam und allen Menschen eines Kollektivs gemeinsam […]. Letzterer ist rein abstrakt und diachronisch.«[238]

Diesem Projekt der *Summa* im vielleicht umfassenden Begriff der Scholastik dient alles, auch die scheinbaren Brüche und Widersprüche im Diskurs des Autors mit dem Leser: mal nennt er sein Werk Roman, mal Epos, mal erzählt er fortlaufend, mal notiert er skizzenhaft, mal behauptet er: »Mein [[Roman]] folgt keiner ›Bratspießanordnung‹, sondern dem ›Gewimmel‹, und daher ist es verständlich, wenn der Leser ein bißchen […] desorientiert ist […]. [D]ies alles ist Teil des Gewimmels oder Wirbels, aus dem sich [[die]] Struktur meiner Art des Erzählens herleitet.«[239] Mal erklärt er: »[…] ein dringendes Bedürfnis nach Klarheit treibt mich dazu, meinen Text für einen Augenblick in die mit ›überflüssig und ungeordnet‹ überschriebene Seite eines Kreuzworträtselhefts zu verwandeln.«[240]

Ebenso wie Selbstreferentialität führt auch das gänzliche Verstummen der Literatur zum Verzicht auf den Leser oder Hörer.[241] Zwischen beidem liegen aber noch das Stammeln und Stottern – neurologisch gesehen: chaotische Abläufe im Gehirn[242], bewegungstechnisch gesehen das Stolpern. Der Einfluss dieser chaotischen Abläufe auf das Denken, die Wahrnehmung und schließlich das Gedächtnis ist nicht zu verkennen, wie schon Rousseau argwöhnte: »Kein Wunder [...], daß, wenn das Gedächtnis im Stich lässt, die Sprache ins Stammeln gerät.«[243]

Wo einstmals das Menschenkind durch unbewusste Artikulation Beachtung hervorgerufen und infolge dessen Befriedigung durch Zuwendung erfahren hatte, soll sich durch den wiederholten Erfolg des Stotterns und Stammelns dann doch eine artikulierte Sprache entwickelt haben. So sagen es die Sprach- und Sprechforscher, und so ist es auch differenziert bei Foucault und Derrida zu lesen,[244] jenen Arbeiten, die zu Schlüsseltexten der Erklärung über das Ausmaß unserer logozentristischen Welt geworden sind. Heute sind sie vielleicht schon wieder ein bisschen in Vergessenheit geraten, weil sie selbst in gewisser Weise in ihrer tiefschürfenden und überzogenen Angestrengtheit zu den eher schwierigen, wenn nicht gar letztlich unlesbaren theoretischen Büchern gehören. Ihre Rezeption war allerdings gewaltig. Weniger wirkungsvoll, dafür etwas kurioser, war einstmals Friedrich

Schlegels Versuch, mit dem Irrtum aufzuräumen, die Sprache des aus dem Urschleim herausgekrochenen Menschen wäre »bloß aus dem […] thierischen Geschrey auf der einen Seite, und aus den mannichfachen, bald jauchzend frohlockenden oder im zornigen Gebrüll ungestüm tobenden, durstig verlangenden oder schmerzlich wimmernden Naturlauten« auf der anderen Seite entstanden.[245] Nun gut, unsere Sprachforscher von heute wissen es wahrscheinlich besser. Das soll uns aber weniger interessieren als die himmlische Bestimmung, dass – noch einmal Schlegel – mit dem »Begriff des Wortes oft ein heiliger und hoher Sinn verbunden« ist und dass folglich »mit dem von Gott dem Menschen unmittelbar verliehenen, ihm mitgetheilten, auf ihn übertragenen Worte, und eben dadurch, derselbe zugleich als der Beherrscher und König der Natur, ja recht eigentlich als der Stellvertreter Gottes in der irdischen Schöpfung hingestellt worden« ist[246]: OMG – würde man heute auf Twitterdeutsch sagen.[247]

Aber gleichwohl: Wo Stottern und Stammeln war, darf man füglich sagen, soll in einem fortschreitenden Prozess artikulierte Sprache und schließlich Literatur und Dichtung werden. So schon Jean Paul Friedrich Richter in seiner vergnüglichen *Vorschule der Ästhetik*:

»Wunderlich stechen gegen die älteren Sonetten, z. B. eines Gryphius, welche, obwohl in der Stammelzeit der deutschen Sprache, mit Leichtigkeit und Reinheit und Bildung fließen, unsere neuern ab, die mit der mehr geübten Zunge nur stottern, plärren und poltern und die als Antitrinitarier der drei Grazien sich alle möglichen Sprech- und Denkfreiheiten nehmen müssen, um nur zu sagen: ich singe.«[248]

Um es aber deutlich und mit heutigen Begriffen zu sagen: das Stottern ist ein Zeichen entfremdeten Daseins. Zu Herders Zeiten hieß das so: »Die Seele des freien Natursohnes ist gleichsam zwischen Auge und Ohr geteilet; er kennt mit Genauigkeit die Gegenstände, die er sah; er erzählt mit Genauigkeit die Sagen, die er hörte. Seine Zunge stammelt nicht, so wie sein Pfeil nicht irret; denn wie sollte seine Seele bei dem, was sie genau sah und hörte, irren und stammeln?«[249] Wir aber trennen zwischen Erscheinung und Vorstellung und gelangen damit unweigerlich in das unlesbare Dilemma einer Art *Geschichte als Sinngebung des Sinnlosen.*[250] Nun also zum Stottern und einem seiner literarischen Hauptvertreter: Hugo Ball:

»Ich habe eine neue Gattung von Versen erfunden, ›Verse ohne Worte‹ oder Lautgedichte, in denen das Balancement der Vokale nur nach dem Werte der Ansatzreihe erwogen und ausgeteilt wird. Die ersten dieser Verse habe ich heute vorgelesen:

Gadji beri bimba
glandridi lauli lonni cadori
gadjama bim beri glassala
glandridi glassala tuffm i zimbrabim
blassa galassasa tuffm i zimbrabim …

Die Akzente wurden schwerer, der Ausdruck steigerte sich in der Verschärfung der Konsonanten. Ich merkte sehr bald, daß meine Ausdrucksmittel, wenn ich ernst bleiben wollte (und das wollte ich um jeden Preis), dem Pomp meiner Inszenierung nicht würden gewachsen sein […].«[251]

Zwischen dem Unsagbaren und dem Unsäglichen entfal-

Hugo Ball, Der Bischof aus dem *Cabaret Voltaire*

tet sich das Stottern, das Stammeln als ein sprechendes Suchen nach irgendeiner Form von Wahrheit, als ein Zeugnis dafür, dass da etwas ist, von dem man weiß, dass es da ist, und das doch dem eigenen Stolpern noch nicht zugänglich ist. Stottern ist eine wirkmächtige und speziell im künstlerischen Schaffen ausgezeichnete Kraft; so heißt es zum Beispiel in den *Tausend Plateaus*: »Das schöpferische Stottern von Gherasim Luca in seinem Gedicht ›Passionnément‹. Bei Godard, ein andres Stottern. Im Theater: Bob Wilsons Flüstern ohne deutliche Hebung der Stimme, die auf- und absteigenden Variationen von Carmelo Bene. Stottern, das ist einfach, aber der Stotterer der Sprache selber zu sein, das ist etwas ganz anderes, da werden alle sprachlichen Elemente variiert, und sogar auch die nicht-sprachlichen Elemente, die Ausdrucksvariablen und die Inhaltsvariablen.«[252]

Zugrunde liegt eine Irritation, ein Widerspruch, eine Krise der Gewohnheit. Wir staunen: »Im Staunen«, schreibt Gottfried Willems, »sieht sich der Mensch mit den Grenzen seines Wissens und Könnens konfrontiert, ja konfrontiert er, insofern er vor dem Erstaunlichen verharrt, bewusst sich selbst mit der Erfahrung seiner Grenzen des Begreifens, Erklärens, Sinnzuweisens und handelnden Umganghabens. Im Staunen eröffnet sich dem Menschen ein Unbegreifliches, Unerklärliches, Sinnloses […].«[253] Hiernach ist ästhetische Thaumaturgie für literarische Kommunikation, so noch einmal Willems, »schlechterdings unentbehrlich«.[254] Das gilt aber eben nicht nur für den Anfang, den An-Stoß, sondern ebenso für das Ende, das Kunstprodukt selber, das seinerseits Staunen hervorrufen kann und den Staunenden unter Umständen mit eben diesem Unbegreiflichen, Unerklärlichen, Sinnlosen konfrontiert.

Dass diese Konfrontation nicht nur individualpsychologisch, auf den Einzelnen bezogen relevant ist, sondern kollektiv auf eine ganze Generation und deren Erlebnisse und Weltwahrnehmung sich auswirkt, das eben war beispielsweise 1916 der Fall: »Daß das Bild des Menschen in der Malerei dieser Zeit mehr und mehr verschwindet und alle Dinge nur noch in der Zersetzung vorhanden sind«, so Hugo Ball, »ist ein Beweis mehr, wie häßlich und abgegriffen das menschliche Antlitz, und wie verabscheuenswert jeder einzelne Gegenstand unserer Umgebung geworden ist. Der Entschluß der Poesie, aus ähnlichen Gründen die Sprache fallen zu lassen, steht nahe bevor.«[255] Umgesetzt hat diesen Entschluss bekanntlich der Dadaismus. »Dada heißt im Rumänischen Ja Ja, im Französischen Hotto- und Steckenpferd. Für Deutsche ist es ein Signum alberner Naivität und zeugungsfroher Verbundenheit mit dem Kinderwagen.«[256] Aber es ist noch mehr – es ist eine künstlerische Protesthaltung im radikalen Sinne.[257] Max Ernst beschrieb diese Haltung gegenüber Peter Schamoni in dessen Film *Max Ernst: Mein Vagabundieren – Mein Leben* so:

»Dada war ein Ausbruch einer Revolte von Lebensfreude und Wut, war das Resultat der Absurdität, der großen Schweinerei dieses blödsinnigen Krieges. Wir jungen Leute kamen wie betäubt aus dem Krieg zurück, und unsere Empörung mußte sich irgendwie Luft machen. Dies geschah ganz natürlich mit Angriffen auf die Grundlagen der Zivilisation, die diesen Krieg herbei geführt hatte, Angriffen auf die Sprache, Syntax, Religion, Logik, Literatur, Malerei, usw.«[258]

Selbstverständlich hat diese Bewegung ihre Vorläufer, etwa in den futuristischen Manifesten Marinettis ab 1909. Insbesondere die Forderung nach Zerschlagung der Syntax, die ausschließliche Verwendung des Infinitivs bei den Verben, die Eliminierung der Adjektive und Adverbien etc. lässt sich hier beobachten.[259] Die Kunst des Dadaismus kann man als Teilbereich einer umfassenden, weit in die Vergangenheit hinreichenden und in immer mehr künstlerische Dimensionen, Mittel und Medien hineingreifenden Bewegung verstehen, die heute zusammenfassend unter dem Begriff der optischen bzw. konkreten Poesie subsumiert wird. Ihr hat Klaus Peter Dencker eine umfangreiche Arbeit gewidmet, die alle Vorläufer, Varianten, Modifikationen, Haupt- und Nebenströmungen berücksichtigt.[260] Die meisten Künstler meinen ihre Versuche durchaus ernst; nicht allen aber ist es gelungen, dabei ernst zu bleiben.

Zwischen ernstgemeintem Angriff auf die Institution der Kunst und spielerischem Ausschreiten künstlerischer Möglichkeiten bewegen sich Maler, Musiker, Poeten seit je. Zu erinnern ist in diesem Zusammenhang an August Stramm, den Karl Krolow 1956 in der ZEIT würdigte und bei der Gelegenheit auf diese Äußerung Kasimir Edschmids hinwies: »Einer der wenigen wahrhaft echten Stotterer«. Ein Stotterer, »der aber nur das Blut erregte wie javanische Instrumente, wie Bartänze, Niggersongs«.[261]

Nicht zuletzt das von [Herbert] Schuldt 1986 herausgegebene *Stammelheft* mit den »Hieroglyphischen Geschichten« von Horace Walpole bis zu Gustav Sievers' »Galliläa – Gallilài« legt von nachhaltiger Aktualität Zeugnis ab.[262] Die futuristischen Manifeste haben auch bei Kurt Schwitters »eine Katharsis« ausgelöst und zu jenen Lautgedichten geführt, die unter dem Namen Merzkunst bekannt geworden sind. Er schreibt:

»Elemente der Dichtkunst sind Buchstaben, Silben, Worte, Sätze. Durch Werten der Elemente gegeneinander entsteht die Poesie. Der Sinn ist nur wesentlich, wenn er auch als Faktor bewertet wird. Ich werte Sinn gegen Unsinn.

Den Unsinn bevorzuge ich, aber das ist eine rein persönliche Angelegenheit. Mir tut der Unsinn leid, daß er bislang so selten künstlerisch geformt wurde, deshalb liebe ich den Unsinn.«[263]

Dass Kurt Schwitters um das Jahr 1934 ein *Kleines Gedicht für große Stotterer* geschrieben hat, mag in Vergessenheit geraten sein[264], seine ebenfalls aus diesen Jahren stammende *Ursonate* hat es immerhin zu nachhaltiger Berühmtheit gebracht und ist in mehreren – auch modernen – Vertonungen überliefert.[265]

Das Reden im Stotterton freilich ist, wir sehen es bei den Dadaisten, zuallererst Reden auf der Bühne, vor Publikum, dort also, wo »jedes Reden, Lispeln, Stammeln, Schnauben, ja Husten« bedeutend wird«.[266] Vielleicht mag ein Seitenblick auf Dieter Roths Theaterstück *Murmel* zu der Erkenntnis führen, dass die Übertragung des Gemurmels vom Schriftlichen auf die Bühne unumgänglich wird, um ein derartiges Sprachwerk überhaupt als Kunststück wahrnehmen zu können. [267] Tatsächlich erschließen manche dieser Bücher ihre Dimension erst beim Sprechen bzw. Laut-Lesen. Dadurch mag auf struktureller Ebene eine Rückgewinnung ehemals vorhandener Identitäten von Ding und Bezeichnung vollzogen und jene »tiefe Zusammengehörigkeit der Sprache und der Welt« wieder hergestellt werden, die, so Michel Foucault, in der frühen Neuzeit verloren gegangen war. In jener Epoche wurde »der Primat der Schrift«, den Foucault analysiert, »aufgehoben, und damit verschwindet jene uniforme Schicht, in der sich unendlich das Gesehene und das Gelesene, das Sichtbare und das

Aussagbare kreuzten. Die Sachen und die Wörter werden sich trennen. Das Auge wird zum Sehen und nur zum Sehen bestimmt sein; das Ohr lediglich zum Hören. Der Diskurs wird zwar zur Aufgabe haben zu sagen, was ist, aber er wird nichts anderes mehr sein, als was er sagt.«[268]

Unversehens geraten wir mit dieser Beobachtung in die Nähe der philosophisch abgründigen, um nicht zu sagen verwegenen, Position Peter Sloterdijks, der auf die Frage »Wo sind wir, wenn wir Musik hören«, u. a. die Antwort gibt: »Der cartesische Ursatz *Cogito, ergo sum* läßt sich [...] umformulieren: Ich denke die Welt weg und gewinne mich selbst dabei [...]. Man kann leicht zeigen, wie die cartesische Wegdenkübung um einen blinden Fleck – besser: einen tauben Fleck – zentriert ist. Der Denker meint, dass er unzweifelhaft ist, sofern und solange er denkt. Er bemerkt aber nicht – oder legt, wenn er's bemerkt, keinen Wert darauf –, dass sein Zusichkommen von seinem Sichhören abhängt. Es ist ihm nicht gegenwärtig, dass er seiner selbst und seines Denkens nur darum gewiss sein kann, weil sein Sichhören seinem ›Sichdenken‹ zuvorkommt [...].«[269]

Das Lautlesen ist deshalb meistens mehr als eine bloß freundliche Empfehlung zur Erleichterung zum Verstehen dieser Texte, es ist ein Weg zur Rückgewinnung des Sinnes. Auch der amerikanische Dichter und Arzt William Carlos Williams hat in seiner literarischen Begegnung mit der Realität die Stimme gesucht, durch die die Dinge zu ihm sprechen und sich als sein Werk realisieren. Das gilt besonders für das in einer deutlichen Tradition amerikanischer Großgedichte stehende Versepos *Paterson*, für das er offenbar einen eigenen Versfuß, den *variable foot* erfunden hat und durch den er eine authentische »Energie des Lebens« wiedergeben kann.[270]

Es ist vielleicht nicht ganz überflüssig, hier ans Hörspiel und seine Möglichkeiten und insbesondere an Ilse Aichingers Hörspiel *Besuch im Pfarrhaus* aus dem Jahr 1961 zu erinnern, ein Spiel für Stimmen ohne Handlung im üblichen Sinn.[271] Für Ernst Jandl ist es eines der erinnerungswürdigen Stücke überhaupt: »Es war ein sprachlicher Ablauf, eine Folge von Wörtern und Sätzen, getragen von Stimmen, im Prinzip also etwas Lineares, das aber an jedem Punkte Beziehung aufnahm zu Dingen außerhalb, zur Welt, zum Leben. Auf diese Weise gewann der an sich lineare Ablauf eine neue Dimension: er wurde flächig, er wurde zu einer gemusterten Fläche, einem unregelmäßigen Muster, einem Bild, aber keiner Abbildung [...] Dieses Hörspiel ist weder Abbild noch Gleichnis. Seine Wörter und Sätze sind uns bekannt, aber die Abfolge dieser Wörter und Sätze, und das Muster, das entsteht, sind uns nicht bekannt; nicht bekannt aus etwas anderem; nicht von vornherein bekannt; nur bekannt nachher, aus dem, was wir gehört haben«.[272] Gerade das Hörspiel der 60er und 70er Jahre hat mit diesem Bruch der Linearität gespielt, ja, man kann vielleicht sagen, dass die überwiegende Zahl der Hörspiele jener Zeit das Prinzip der Nicht-Linearität überhaupt verkörpern, man denke auch an die Hörspielfassung *Unter dem Milchwald*, dieses »Spiel für Stimmen« von Dylan Thomas aus dem Jahr 1954 beim NWDR. Das Hörspiel ist ja die Domäne der »metaphorischen Traumwelten«[273], deren Präsenz im akustischen Raum allgegenwärtig ist. In Virginia Woolfs Roman *Orlando* ist die schöne Beobachtung, das Ohr sei das Vorzimmer der Seele, bloß eine kleine Randbemerkung[274]; für das Hörspiel steht sie aber natürlich im Zentrum. Ja, dorthin will es mit aller Leidenschaft – und manchmal vielleicht noch weiter. Dafür haben die Autoren und Produzenten Geschichten gesammelt und erfunden, haben Töne eingefangen und atmosphärischen Zauber entfacht. Sie wollen in der Tat zuerst und am allerliebsten die Seele berühren, anrühren, wie man früher vielleicht sagte. Dieses Vorzimmer gehört ohne Zweifel zu jenen »Heterotopien«, von denen Michel Foucault spricht, zu »Länder[n] ohne Orte und Geschichten ohne Chronologie […]. Diese Städte, Kontinente und Planeten sind natürlich, wie man so sagt, im Kopf der Menschen entstanden oder eigentlich im Zwischenraum zwischen ihren Worten, in den Tiefenschichten ihrer Erzählungen oder auch am ortlosen Ort ihrer Träume, in der Leere ihrer Herzen, kurz gesagt, in den angenehmen Gefilden der Utopien«.[275] Die nähere Bestimmung der Heterotopien findet sich im Vorwort der *Ordnung der Dinge* und führt uns direkt zu unseren schwer lesbaren Büchern. Es heißt dort, angeregt durch einen Text von Borges über die analytische Sprache John Wilkins':

»Die Heterotopien beunruhigen wahrscheinlich, weil sie heimlich Sprache unterminieren, weil sie verhindern, daß dies und das benannt wird, weil sie die gemeinsamen Namen zerbrechen oder sie verzahnen, weil sie im voraus die ›Syntax‹ zerstören, und nicht nur die, die die Sätze konstruiert, sondern die weniger manifeste, die die Wörter und Sachen (die vor und neben den anderen) ›zusammenhalten‹

läßt. Deshalb gestatten die Utopien Fabeln und Diskurse; sie sind in der richtigen Linie der Sprache befindlich, in der fundamentalen Dimension der *fabula*. Die Heterotopien (wie man sie so oft bei Borges findet) trocknen das Sprechen aus, lassen die Wörter in sich selbst verharren, bestreiten bereits in der Wurzel jede Möglichkeit von Grammatik. Sie lösen die Mythen auf und schlagen den Lyrismus der Sätze mit Unfruchtbarkeit«.[276]

Wer gewohnt ist, »mit den Ohren zu denken«[277], dem dürften Peter Sloterdijks versteckte Anmerkungen zu einer Philosophie des Hörens wie Binsenweisheiten erscheinen. Denn eines ist natürlich klar: Das Hören im Hörspiel war schon immer darauf gerichtet, in die Weltwirklichkeit zu gelangen, indem es in den Klangraum eintaucht, den es selbst erschafft. Sloterdijks Hinweis besagt: das Hören lässt das Geschehen der Welt innerlich werden, es ermöglicht das In-Sein im Weltganzen.[278]

Das im Textbild als Verfremdung und dem Lesen als hinderlich Empfundene wird in der (Rück)übersetzung ins Gehörte wieder zugänglich – das Sinnliche produziert Sinnhaftigkeit. »Deshalb sollte man [Bob Dylans Roman] *Tarantula* laut lesen, im kleinen oder größeren Kreis«, empfiehlt zu Recht Rüdiger Dannemann.[279] Dylan hat später behauptet, die Dinge hätten im Sinne einer écriture automatique ihren eigenen Lauf genommen, mehr oder weniger ohne sein Zutun, da es nie seine Absicht gewesen wäre, ein Buch zu schreiben. Selbstverständlich aber offenbaren sich dem Rezipienten die literarischen Betriebsgeheimnisse ganz ungeschminkt:

»*Tarantel* realisiert, was sich deutsche Autoren wie Rolf Dieter Brinkmann, Peter Handke oder Thomas Brasch (beides erklärte Dylan-Rezipienten) vorgenommen hatten: Gedichte, Texte zu schreiben, die so spontan, komplex, einfach und deshalb so großartig sind wie Rocksongs. Dylan ist das in den sechziger Jahren scheinbar mühelos gelungen. Er hat dem Pop-Diskurs eine Signatur gegeben, die ihn – temporär und auf Widerruf – in den kulturellen Diskurs gleichberechtigt einbezog und ihn – solange Inspiration und Nonkonformismus reichen – einbeziehen werden. Der Performing Artist hat die Grenze zwischen Jazz- und Rock-Improvisation durchlässig gemacht. Deshalb macht die seit Jahren erhobene Forderung, seine Leistung mit der Verleihung des Nobelpreises für Literatur zu würdigen, Sinn. Dylan verdient diesen Preis nicht wegen, aber mit *Tarantula*.«[280]

Was Bob Dylans Roman mit seinem Wechselspiel von Lyrics und Kurzgeschichte, fiktivem Tagebuch, arrangierten Brief-Fragmenten, Protokollen bewusstseinserweiternden Trips, automatischem Schreibstil und pointiertem Kalkül eigentlich zwischen Komödie und Tragödie erzählt, ist nicht leicht zusammenzufassen, weil es einen Plot eigentlich gar nicht gibt. Nur so viel lässt sich mit Rüdiger Dannemann immerhin sagen:

»Tatsächlich hat das Buch nicht einmal ansatzweise eine erzählbare Story. Es wird von einem seltsamen Figurenensemble bevölkert: Aus unterschiedlichsten Perspektiven (Dylan spielt mit Masken und Kostümen, ist einmal *Zorba the Bomb*, das nächste Mal the *Friendly Pirate* oder *Smoky*

Horny) werden flackernde Streiflichter auf Szene-Käuze wie Jinx, den Poeten des Nichts, geworfen (*Black Night Crash/ Mitternächtlicher Stunk*), tauchen Frauen wie die an Sarah Dylan erinnernde Mexikanerin Maria oder die ›soulful mama‹, die Muse, Helferin und Prostituierte Aretha (›lady godiva of the migrants‹) auf, um mythischen Gestalten aus der griechischen Antike oder populären Trivialmythen oder Filmikonen Platz zu machen. Die Satire auf den amerikanischen Traum, auf die Ronald Reagans, Nixons Co. ist die für alle toughen Typen selbstverständliche conditio sine qua non – ähnlich der Verachtung, die ein Dirk von Lotzow oder ein Jochen Distelmeyer heutzutage der ›Ich-bin-stolz-ein-Deutscher-zu-sein-Ideologie‹ entgegenbringen. Dylan, der radikale Antipolitiker, ist nicht bereit, sich an den Scheingefechten zu beteiligen, in denen Verfassungspatrioten das Hohe Lied von kritischer Öffentlichkeit und herrschaftsfreier Konsensbildung anstimmen. Er weigert sich, zwischen Freiheits-Demagogen wie Goldwater, de Gaulle, Eisenhower, Robert Kennedy, General Franco oder Adolf Hitler (!) im Sinne einer politischen Korrektheit zu entscheiden (›A Confederate Poke into King Arthur's Oakie‹). Wir befinden uns auf einem rauschhaften Ausflug zur Desolation Row oder in den Garten Eden, in einem Panoptikum, in dem sich Abraham und Gott, Einstein und Robin Hood, Cinderella und Shakespeare treffen – ebenbürtig, auf Augenhöhe. Offensichtlich überbietet Dylan hier seine deklarierten literarischen Vorbilder, die Beat-Poeten um Jack Kerouac und den von Dylan heilig gesprochenen Dichter des ›Kaddisch‹«.[281]

Zurück zu den phonetischen Texten. Ihnen ist bekanntlich das Wortspiel nicht nur nicht fremd, sondern es gehört geradezu zwingend zu dieser Schreibart. Einer wusste ganz genau, um was es dabei geht, nämlich Jean Paul:

»Der […] wahre Reiz des Wortspiels ist das Erstaunen über den Zufall, der durch die Welt zieht, spielend mit Klängen und Weltteilen. Jeder Zufall, als eine wilde Paarung ohne Priester, gefällt uns vielleicht, weil darin der Satz der Ursachlichkeit (Kausalität) selber, wie der Witz, Unähnliches zu gatten scheinend, sich halb versteckt und halb bekennt. […] Ein dritter Grund des Gefallens am Wortspiele ist die daraus vorleuchtende Geistes-Freiheit, welche imstande ist, den Blick von der Sache zu wenden gegen ihr Zeichen hin; denn wenn von zwei Dingen uns eines erobert und verschlingt, so ists nur kleinere Schwäche, vom mächtigsten bezwungen zu werden.«[282]

Hierzulande hat der Meister dieser Schreibart des Wort- und Klangspiels, Arno Schmidt, vorgemacht, welche Dimensionen in derartig *verfremdeten* (und doch wohl eher: kenntlich gemachten) Texten stecken: *Kaff, auch Mare Crisium*, *Zettel's Traum*, *Abend mit Goldrand*. Zu *Kaff, auch Mare Crisium* bemerkt Jan Philipp Reemtsma: »Daß die Sprache nichts ist, worauf man sich wirklich verlassen kann, signalisiert in ›Kaff‹ schon die Orthographie, die aller Duden-Regel spottet. Wer hier zunächst stutzt, ist gut beraten, ein wenig laut vor sich hin zu lesen: Die Sprache ist nämlich gesprochene Sprache, wo das Auge den Regelverstoß sieht, hört das Ohr die Musik. Sprache ist eben Geräusch wie alles andere rundum auch, das Plätschern des Bachs neben dem Weg, der Wind in den Blättern […].«[283]

Wortspiel und Verdrehung, zufällige Klangerweiterung und sinnhaftes Unterschieben doppelter Bedeutungen, Kürzel und phonetische Anspielung und Anverwandlung, all dies schickt Schmidt souverän und kreativ, wirksam und überraschend sprachlich ins Rennen. Natürlich geht es ihm um Wirkung, sogar um Unterhaltung, aber im weiteren Sinne geht es um die radikale Herausforderung, diese Texte als Ausformung der Welt mit all ihren Klängen, ihrem Säuseln und Stampfen, ihrem Sinnen und Unsinnen zu erlesen, ganz im Sinne Goethes, für den das Lesen eine Sammlung des Ichs war.[284] Ganz im Sinne Klopstocks aber auch, dessen *Grammatische Gespräche* von 1793 Schmidt »ein ganz einzigartiges, abstrakt-regsames Reich«[285] nannte, an dem er sich ohne Zweifel orientierte und seine eigene Theorie des *Etyms* entwickelte. In *Zettel's Traum* erklärt er es in einem Dialog zwischen Autor und dem Übersetzer-Ehepaar Paul und Wilma Jacobi, hier mit dem Kürzel PW und Fr und ihrer Tochter Franziska, und mit Verweis auf Sigmund Freud, hier unter Verwendung der Kürzel B/bw=Bewusstsein, bewusstes, und ubw=Unterbewusstsein, unterbewusstes, so:

»»Was ‹Worte› sind, wißt Ihr – ?«; / (sie nickten so schnell : !) / (Glückliches Völkchen; *mir* war's *nich* ganz klar.)).: »Also das bw spricht Hoch=Worte. Nun wißt Ihr aber, aus FREUD's ‹Traumdeutung›, wie das ubw ein eigenes Schalks=Esperanto lallt; indem es einerseits Bildersymbolik, andrerseits Wort=Verwandtheiten ausnützt, um mehrere – (immer aber im Gehirn des Wirtstieres engbeieinanderlagernde !) – Bedeutungen gleichzeitig wiederzugeben. Ich möchte nun diese neuen, wortähnlichen Gebilde – die sowohlerzogen der scheinbaren Präzision der Normalsprache dienen; als auch den fehllustig=doppelzüngelnden Amfibolien der ‹Hinter›=Gedanken – ‹*ETYMS*› heißen : der obere Teil des Unbewußten : spricht ‹Etym›.«. (Wie wir sonst sagen : ‹One of the chaps speaks English›) / (Sie verarbeiteten an der Subtilität.) / : »Das bedeutet natürlich : daß, aufgrund dieser ränkespinnerischen Sinnwendewippchen, ein dem Feinsinnigen gänzlich unerwünschter Janus=Effekt auftritt.« / –) : »Also was der Filologe ‹Wurzeln› nennt?«; W. / (»Homonyme? –« probierte P. / »Was sich reimt?«; (Fr, unsicher . .) / : »Ihr habt Alledrei etwas Recht; s trifft's aber doch nicht *ganz* : Etyms will be Etyms«. (Beispiele? So viel die Stunde lang ist) : »Der B=Filosof schwärmt englisch vom Großn=Ganzn – : ‹The Whole›! – ‹von unten› flüstert's zärtlich : ‹*hole*› – –«. / (»Das Loch? –« übersetzte Fr nachdenksamig; / und ich, flink, eh'W […] mauzn konnte)) : »Dänn wo lebte der Deutsche, der beim lateinischen ›mundus‹ nicht an ‹Mund› dächte ? : zwistlos erklingt der Zwiegesang.«««[286]

Nicht zu vergessen ist allerdings auch, dass »ein Buch (nicht nur speziell die meinigen !) […] für's Auge geschrieben [ist]: es bedient sich, verglichen mit dem dagegen um eine Dimension beschränkteren Hören, des optischen Eindrucks !«[287] Arno Schmidt begründet mit dieser optischen Qualität des Schriftbildes seine quasi figürlich eingesetzten Schriftzeichen und behauptet:

»Nur deswegen, unter geschickter Ausnutzung der optischen Möglichkeiten, konnte ich schreiben :

Sie sah herum : ?

Und schon sieht man, genau so gültig wie bei einem erklärenden Buchstabengepränge, das fragend geöffnete Gesicht der Person ! «[288]

Was doch aber noch eine gehörige Portion Phantasie voraussetzt. Jedenfalls: Nicht nur auf das Hören kommt es an, sondern auch auf das Sehen bzw. Lesen. Immerhin legitimiert die optische Möglichkeit des Buches Arno Schmidts Interesse an der Einführung und Nutzung von Ideogrammen.

Diesen durch optische Dimensionen hervorgerufenen bzw. erzwungenen Hürdenlauf beim Lesen verlangen Arno Schmidts Texte nicht zuletzt mit James Joyce's *Ulysses* und gar *Finnegans Wake* eine Kraftanstrengung, die den normalen Leser an die Grenze seines Leistungsvermögens bringt und den Kenner, das Mitglied unseres Fanclubs, in Verzückung versetzt. »*Finnegans Wake* started out to be the godlike creation of a new universe of language – one that Joyce felt he could control, through the somewhat mystical abstractions of mathematics« – heißt es zur Einführung des Panels »Joyce's Corpus as Word Machine« im Rahmen eines größeren Symposiums über Joyce. Weiter heißt es dort:

»It was to become a Wholeness of esoteric dimensions, thereby reestablishing a Logos of language, immense in its variability and comprehensiveness, yet manipulated by a geometrical largely circular pattern of order. Yet the effect of *Finnegans Wake* is not encyclopedic assimilation and enclosure, because, in the combinations and recombinations of words upon words, words within words, sign-fragments playing against sign-fragments, repetitions vying with variations, the evocative result is disturbing precisely because it delineates even more sharply than the other works the non-linguistic void – the unspoken and unspeakable loss that the acquisition of language made certain would never be recovered«.[289]

Tatsächlich erschließt sich auch *Finnegans Wake* am ehesten durch das laute Sprechen. Auch David Jones wollte, dass sein Poem *Anathemata* laut gelesen würde, weshalb er Klang, Rhythmus, Pausen und Betonungen sorgfältig austarierte: »Mein Text sollte so gesprochen werden, wie er geschrieben wurde. Interpunktionen, Zeilenlängen und -abstände, Wort- und Satzgruppierungen und unterschiedliche Durchschüsse sind visuelle Anordnungen, die dem Sprechen und Hören dienen. Man kann in der Tat oft die Bedeutung nicht erfassen, ohne den Klang zu hören, und den Klang nicht treffen, ohne auf die Zeile zu achten. Pausenzeichen in einer Zeile sind von besonderer Bedeutung. Vor allem soll bedächtig gesprochen werden, langsam (im Gegensatz zu schnell) – bedächtig erscheint mir jedoch für jede Seite, jeden Satz, jedes Wort, die beste Anweisung zu sein«.[290] In gewisser Weise ließe sich mit Derrida und seinen Gewährsleuten Lévy-Strauss und Rousseau argumentieren, dass die Schrift die reine und unschuldige orale Sprache unterdrücke, d.h. Gewalt auf sie ausübe, und insofern also diese Bücher, die ins Phonetisch-Orale (zurück-)gehen, eine Befreiung der Sprache von der Schrift betrieben.[291] Aber ganz ohne Schrift geht es eben auch nicht, nur mit welcher – und mit welchem Schriftbild?

»In der Poésie concrète […] tritt die Schreibmaschine anstelle der Handschrift. Damit wird noch das Unmittelbarste am Verfassen von Texten zu einer Vermittlung. Hin-

Doch als ein Jahr
  will will hu hu
vergangen war
  still still du du
da lag im Rot
der Rabe tot
  will will still still
    du du

Fisches Nachtgesang

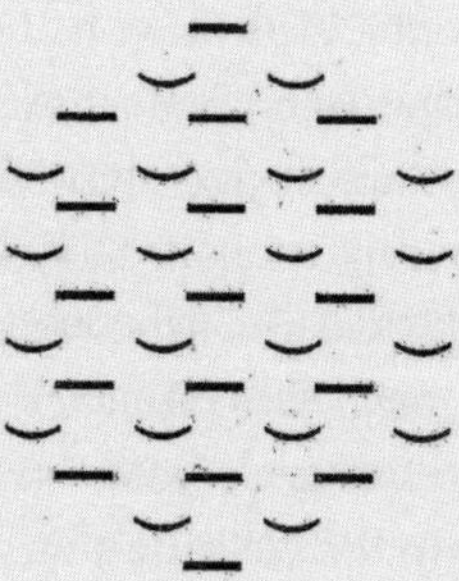

Die Beichte des Wurms

Es lebt in einer Muschel
ein Wurm gar seltner Art;
der hat mir mit Getuschel
sein Herze offenbart.

Sein armes kleines Herze,
ach, wie das pocht' und schlug!
Ihr denket wohl, ich scherze?
Ach, denket nicht so klug.

Christian Morgenstern, »Fisches Nachtgesang«

ter die Schreibmaschine kann der Schreiber nicht zurück, ebenso wenig wie er über sie hinaus kann (etwa um die Wörter in graphischen Kurven anzuordnen). Der Blick, der aufs mit der Maschine zu beschreibende Blatt fällt, ist ein von ihrer Vermittlung faszinierter. Alles Individuelle ist bereits getilgt vom Individuum selber, das den Text verfasst. Die Maschinentypen sind genormt wie die DIN-Schrift der Ingenieure. Was an beiden fasziniert, scheint ihre Bildlichkeit«.[292] Friedrich Kittler, der Theoretiker für derartige Zusammenhänge, sieht in diesem frühen Text allerdings vor allem die mechanische Seite des Maschinenschreibens. Tatsächlich hat sie auch, sofern sie nicht eine Frage der Verlagsentscheidung ist – wie z. B. bei *Zettel's Traum*, der nun in der Bargfelder Ausgabe lesefreundlich, wie der Verlag jubelt, d. h. nach jahrelanger Arbeit von Setzern, Editoren und Korrektoren, als gesetztes Buch vorliegt – einen durchaus kreativen Effekt. In aller Regel sehen wir in den Texten dieser Art ein wenig fließendes, durch Marginalien abgesetztes Schriftbild, der Leser wird buchstäblich zum Sammler der Worte, zum Spurenleser der Zusammenhänge. Sein Blick springt von Block zu Block, irrt über die Seiten, stöbert hier und dort, eilt voran und ruht sich aus; das Lesen wird zum Abenteuer, zu einer Quest, in deren Verlauf er verschiedene Aufgaben löst, Abenteuer besteht, Feinde besiegt, Objekte findet, Schwierigkeiten überwindet. Anders jedoch als in den alten aventiuren oder den zeitgenössischen Videospielen, die zu einem überwiegenden Teil nach diesem Muster der Aufgabenlösung aufgebaut und deren Spielregeln entsprechend programmiert sind, ist das

Typoskript nicht von vornherein ein Abenteuerprogramm, sondern Abbild eines Schreibprozesses. Hier wird der Leser wenn nicht zum Zeugen, dann doch immerhin zum Voyeur, indem er dem Autor bei der Verfertigung des Textes gewissermaßen über die Schulter blickt, und gar zum Komplizen, da er die Schreibbewegung des Autors mitmacht bzw. nachvollzieht. Dies ist das zentrale Ereignis der Lektüre von *Zettel's Traum* oder *Abend mit Goldrand* bis zu Max Riccabonas Textbruchstücken, die unter dem Titel *Poetatastrophen* erschienen sind.[293] Gerade Max Riccabonas Typoskripte erlauben freilich, anders als beispielsweise *Zettel's Traum*, einen tiefen Einblick in die Brodelküche des Absurden. Dem wird im Übrigen selbst im gesetzten Buch kein Abbruch getan, wie in den *Bauelemente[n] zur Tragikomödie des x-fachen Dr. von Halbgreyffer* leicht zu sehen ist.[294] Jedoch stellt die faksimilierte Typoskriptseite nach Auskunft der Herausgeber, »die einzige Möglichkeit [dar], Riccabonas eigentümliche Textgestaltung [eine Form visueller Poesie] und dem sprachkreativen Spiel mit Zufälligkeiten des Schreibvorgangs gerecht zu werden: Tippfehler, Korrekturen oder Varianten haben interpretatorische Funktion«.[295] Ob die Interpretationen immer der richtigen Spur folgen, sei dahingestellt. Schon Theodor W. Adorno war, wie in einem Brief aus dem Jahr 1959 nachzulesen ist, sehr vorsichtig und zurückhaltend: »Mir will vorkommen, als wäre in den Meditationen – der Name schon verweist darauf – das Verhältnis zwischen dem Gedachten und dem Wort Gewordenen noch nicht recht gelöst«.[296] Adornos Vorbehalt galt den Proben der Lyrik, die ihm Riccabona offenbar geschickt hatte, nicht der Person selber. Diese steht jedoch mit ihren »Münchhausiaden«, so Andreas Weigel[297], seit langem im Zwielicht. Riccabona hat nicht nur in seinem literarischen Werk, sondern auch im Leben gerne falsche Spuren gelegt, etwa indem er behauptet hat, James Joyce begegnet oder Augenzeuge eines Treffens von Stefan Zweig mit Joseph Roth ein paar Wochen vor dessen Tod gewesen zu sein. Es gibt indes allerlei Ungereimtheiten; 1967 wurde er entmündigt und lebte bis zu seinem Tod 1997 in einem Heim.[298]

Ob nun Ironie oder literarisches Freibeutertum im Umgang mit literarischen Praktiken herrschen, ob es gezielte Kritik »an den Verbreitern des Biedersinns und an jenen, die uns ausschließlich mit Anspruchsvollstem versorgen wollen«[299] gibt – legt man Max Riccabonas Gedichten, Prosatexten, autobiographischen Bruchstücken das rhizomatische Theorem der *Tausend Plateaus* zugrunde, kommt man zu anderen Schlüssen als jenen des individuellen Wahns. Denn misst man diese literarischen Fragmente mit der ganzen Wucht der *Tausend Plateaus*, dann finden sie sich aufseiten einer Schizophrenie wieder, die nicht nur als individualpathologische Abirrung, als eine Art Unsinnigkeitsdeklamation gelesen werden darf, sondern auch, wie das wohl Max Riccabona selbst empfunden hat, als ein geistiges Spiel, »in welchem auch der Hofnarr institutionell, dialektisch gewissermassen antithetisch die Rolle des Diskussionspartners spielte« und damit zu »einem Merkmal echter geistiger Souveränität« des Mitspielers, in diesem Fall dann auch des Lesers, werden könne.[300] In dieser Theorie der Mannigfaltigkeiten erscheinen die Abirrungen, Verzweigungen, Brüche und Widersprüche nicht als Merkmale krankhafter Phantasie, sondern als Teil einer »nomadischen Wissenschaft«[301]. Indem die Mannigfaltigkeiten »die Trennung von Bewußtsein und Unbewußtem, von Natur und Geschichte und von Körper und Seele überfluten«, wie es im Vorwort zur italienischen Ausgabe der *Tausend Plateaus* hilfreich heißt[302], werden die einzelnen Denkprozesse und Handlungen innerhalb dieser Mannigfaltigkeiten zu revolutionären Handlungsweisen. Dass wir diese revolutionären, von außen kommenden und uns fremden Handlungsweisen durchaus als eine Bedrohung verstehen können, hat uns bereits Franz Kafka in seiner kurzen Erzählung *Ein altes Blatt* unmissverständlich klar gemacht, jener Erzählung vom Einfall der Nomaden, mit denen man noch nicht einmal sprechen kann. Denn »[u]nsere Sprache kennen sie nicht, ja sie haben kaum eine eigene. Untereinander verständigen sie sich ähnlich wie Dohlen. Immer wieder hört man diesen Schrei der Dohlen«, und »[sie zeigen] sich auch gegen jede Zeichensprache ablehnend.«[303]

Der Kampf um den adäquaten Zugang zur Darstellung der Wirklichkeit durch sprachliche Mittel war natürlich immer ein Thema der Literatur, er hat, wie wir wissen, unter anderem die experimentelle Dichtung hervorgebracht[304], viele Beispiele unserer schwer lesbaren Bücher gehören ja dazu. Oswald Wiener hat in seinem Roman *Die Verbesserung von Mitteleuropa*[305] exemplarisch einen »Angriff auf das vergegenständlichte Verhältnis von Sprache und Wirklichkeit, auf die besinnungslose Routine in den Beziehungen zwischen Begriff und Realität« durchgespielt.[306] Er hat auch später noch »das Bestehen oder Nichtbestehen eines fundamentalen Zusammenhangs von Sprache und innerem Erleben« als das große Thema der Literatur in den fünfziger Jahren verstanden.[307]

Walter Höllerer hat vermutlich aus demselben Antrieb ein paar Jahre später die Semiotik mit ihren eigenen Mitteln außer Kraft gesetzt. Indem er in seinem »sagenumwobenen«[308] Roman *Die Elephantenuhr*[309] das gesamte Erfahrungsspektrum seines Protagonisten Professor Gustaf Lorch in einem mehrfach reflexiven Erzählverfahren – als Erzähler, als Hörer/Leser des eigenen Worts, als Interpret der Welt – durch eine Art Labyrinth aller Vorstellungs-, Lebens- und Identitätsmöglichkeiten aufscheinen lässt, produziert er ein Totalgedächtnis – dafür steht die Elephantenuhr –, aus der es nur ein Entkommen gibt: »eine-neue-Semiologie, in der Badewanne im Museum in Murrbach, denke: eine-neue-weltumspannende-Kommunkation-durch-eine-neue-Semiologie-gegen-den-Ausbruch-von-vernichtendem-Massenkonflikt-und-für-eine-neue-Gesellschaft-und-«.[310] Höllerer reflektiert noch in der Sprache die Mittel, die die neue Semiotik begründen sollen, und setzt auf den Zufall. Was sich daraus ergibt, ist nomadisches Schreiben, eine ortlose Semantik. Nomadische Schreibweise und rhizomatische Schreibweise sind miteinander verwoben; sie entsprechen auf literarischem Gebiet der nomadischen Wissenschaft, wie sie in den *Tausend Plateaus* entwickelt und modellhaft mehrfach auch auf das Schreiben von Büchern bezogen wird. Gemeinsam ist diesen Schreibweisen die Ablehnung von Regelwerken und das Streunen der Gedanken, literarischer Phantasien, ausschweifender Bewusstseins- und Unbewusstseinszustände, der Ab- und Einbruch des Fremden in den Fluss der Gedanken. Insofern sind auch die Romane *Semplicità* und *Kinderblitz, Jambudvipa* von Wolfgang Rohner-Radegast rhizomatisch und nomadisch zu nennen.[311] Beide sind tückisch, da sie zugleich lesbar und fast unlesbar sind, freilich auf je leicht unterschiedliche Weise. In *Semplicità*, einer Piraterie, deren Beute die Erlebnisse sind, fiebert der Autor bzw. der Leser auf Antworten auf die Fragen, »wer ist das: ich, wer bist du, sind wir nicht Schwämme, die sich vollsaugen ohne jede Grenze zur Welt… Schwämme, ein einziger Schwamm waren sie beide, und gemeinsam ein einziger mit der Welt, sich vollsaugen, vordringen, über dieses Einschlürfen von Welt: Landschaft, schön, Menschen, die freundlich waren, neu, Süden und Heiterkeit…vordringen zu der Einheit, die, uns alle aufbrechend, uns eins macht zu dem göttlich Einen, die uns die Brust aufreißt – ach, ein einziges Mal die Brust aufreißen, so daß sie ohne Grenze wäre, wer hört einen denn so, daß er ganz eins wird mit dir, nah, verbunden, und nichts mehr klirrte gläsern zwischen uns beiden [...] siehst du das Gefängnis, das uns einmauert... nichts, keine Stimme, kein Laut über die Grenze dringend, Messer haben mich abgeschnitten von der Welt«.[312]

Während *Semplicità* eher einem Wahrnehmungskosmos ähnlich erscheint, der wirkt, »als ob das Gehirn Schlehen gegessen hätte und sich immerfort zusammenkrampfen müßte«[313], jagt und geistert *Kinderblitz* als Erinnerungsgewimmel des Gehirns durch Zeit und Raum. Wer die unterschiedlichen Textsorten in *Kinderblitz* von A bis Z und Wort für Wort durchackert, findet die Spuren und Furchen der Lebensgeschichte des Erzählers und kann sie verfolgen, kommt nach zahllosen Abirrungen und Abschweifungen unverhofft auf sie zurück, findet sich in verschiedenen Jahrzehnten der deutschen Geschichte wieder; auch dieser Text ist ein Labyrinth und zugleich eine Art odysseische Weltumseglung. Wir Leser reisen mit dem Erzähler von West nach Ost (anfangs: Ostdeutschland – Westdeutschland), immer wieder nach Indien (»endlich im Land meiner Träume angekommen«[314]), dann nach Spanien, kurz, um die Welt.[315]

Endlose Kaskaden von Erinnerungs- und Erlebnisfetzen lesen wir, uneinheitlich, wirr, rauschhaft und verwirrend scheinen sie auf und verschwinden wieder, werden hier beschworen und dort sorgsam gesetzt – ein Schwall von Worten, ein Schwanken zwischen Erzählung und Reportage, Märchen und Unbewusstseinsstrom, anaphorische Reihungen wechseln mit Satzbrüchen und -splittern. Zwischen poetischen Träumen und schrecklicher Banalität irrlichtert der Erzähler durch Hitze und Nacht, hin und her zwischen Gegenwart und Vergangenheit, sprunghaft die Erinnerungsebenen wechselnd, quasi ein Leben »im Kreislauf unzähliger Wiedergeburten«.[316] Die Erzählung, teilweise eine Art Entwicklungsroman, ist die Folge einer Welt, die auf das Kind einströmt und es mit »so viel unverständliche[n] Informationen«[317] überschüttet und es geradezu zwanghaft auch als Erwachsenen zur Niederschrift treibt. Nur durch das Aufschreiben wird der Autor der Geschichte seiner Angst offenbar überhaupt Herr. Und so entsteht aus der Fülle der Erinnerung, aus dem Nacherzählen der fiktiven und nichtfiktiven Reisen durch Welten, durch Mythologien und Märchen eine phantastische, eigene Bibliothek von Babel, in der »die Informationen über Subjekte und ihre Handlungen, [...] Topographisches und die ganze Enzyklopädie menschlicher Zustände in einer anderen Weise erscheinen, als es der abendländische Sinn für Fakten gemeinhin verträgt, nämlich als die Epiphanie von etwas grundsätzlich Anderem«.[318]

Unverdrossen die Geduld und das Durchhaltevermögen möglicher Leser strapazierend, hat auch Matthias Politycki mit seinem Debütroman *AusFälle* einen »dezent verwirrenden Text über einen offensichtlich verwirrenden Roman in der Nachfolge Arno Schmidts, insbesondere auch der französischen und deutschen Autoren um die Jahrhundertwende

(Mallarmé, Gide, C. Einstein, Benn)«[319] verfasst. Dieser Roman weist fast alle Merkmale unserer schwer lesbaren Bücher in Potenz auf – der Rezensent Friedhelm Rathjen stellt seinen Artikel in der *ZEIT* unter die Frage »›BLDRVRNCHTNG‹ oder Exzesse poetologischer Reflexionswut?« und beantwortet sie als »ge(nas)führte(r) Leser« natürlich mit dem Hinweis, es sei »ohne Zweifel eines der ausgeklügeltsten [Bücher] der zeitgenössischen Sprachkunst«, aber mit klinisch toter Umsetzung.[320] Schon dem Manuskript wurde die Ehre angetan, 1967 mit dem Literaturpreis der CIVITAS-Gesellschaft zur Förderung von Wissenschaft und Kunst ausgezeichnet zu werden, eine Ehrung, durch die sich die CIVITAS-Gesellschaft ohne Zweifel als Untergruppe unseres Fanklubs schwer lesbarer Bücher geoutet haben dürfte. Zu unterschätzen ist dieser Entwicklungsroman freilich nicht, denn er spielt auf raffinierte Weise diverse Schreibstrategien und Textsorten durch und öffnet damit einen Dialog zwischen Autor, Literatur und Rezipient inklusive Rezensent. In diesen Dialog einzutreten, an ihm teilzunehmen, darin besteht die Herausforderung für den Leser – unbedruckte Seiten stellen ihm den Raum dafür zur Verfügung. Insofern ist das Buch ein unabgeschlossenes und somit letztlich unabschließbares Projekt, eine »prophylaktisch erdichtete nein errichtete Gegenfalle für Figuren Phantome Phantasten wie Leser: Eigentlicher Inhalt, eigentliche Form jenem Gedanken zu Folge müssen hinübergerettet werden vertagt übernächtigt ins nächste besser: ins übernächste Romandrittel«.[321] Mag sein, dass sich Politycki bei Verwendung leerer Seiten, der Spiele mit der Typographie, der Rückkoppelungen etc.

an literarischen Vorläufern wie Laurence Sterne oder Flann O'Brien orientiert hat, wie Rathjen mutmaßt – dieser Roman kam eher zu früh als zu spät. Tatsächlich nimmt er Techniken und Verfahrensweisen nicht linearen Schreibens der elektronischen Netzliteratur vorweg. Als hätte Politycki in den späten 60er Jahren geahnt, was kommen könnte, sehnt er sich in diesem Roman danach: »Ja wenn ein Netz es wäre! skandierte persona non grata, faltenlos aufblitzendes Farbfeuerwerk zündelnd im Abgrund der Facettenblicke – aber als Leser Man möchte fast meinen, mehr Knoten sind gelöst als geknüpft«.[322]

Und eben darum geht es ja – die Sinnlosigkeit der Welt jenseits ihrer realen und entsprechend profanen Erscheinungen zu entdecken, ernstzunehmen und zugänglich zu machen, wobei das Letztere eben gerade das Problem ist, das uns Schwierigkeiten macht. Das Tor – vielleicht auch nur das Schlupfloch – zu dieser Welt jenseits der Realität war eine Grenzüberschreitung: »Es ist nicht unmöglich, Zeuge einer Anomalie im verborgenen oder sichtbaren Wirken der Naturgesetze zu sein«, schrieb Lautréamont im 3. der *Gesänge des Maldoror.* Letzten Endes hat dieses »magische Schauspiel«, das »von den Gelehrten nicht begriffen werden sollte«, sogar kreatives Potential, weil »die der Einbildungskraft vom gesunden Menschenverstand gezogene Grenze zuweilen trotz des wenig dauerhaften Pakts zwischen diesen beiden Gewalten unglücklicherweise durch den energischen Druck des Willens überschritten« werden könne.[323]

Mit Lautréamont sind wir bereits einen halben Schritt auf dem Weg in den Surrealismus, und wenn dieser auch einen eigenen Weg zwischen Lesbarkeit und Nicht-Lesbarkeit, sprich: zwischen Linearität und Nicht-Linearität gefunden hat, so soll er doch hier mit einer kleinen Hommage an Ginka Steinwachs, die als eine der wenigen surrealistischen Dichterinnen deutscher Sprache gilt, gewürdigt werden. Das Ganze lassen wir hier aus, aber Ginka Steinwachs und ihre »(sch)REIBweisen«[324] wollen wir doch etwas betrachten.

»Ihre Texte sind lustvolle Irrfahrten durch die Spielräume, in denen ein Leser seine eigene Wirklichkeit aus Wörtern und Phantasiegebilden erfinden kann«, beschrieb Christina Weiss, seinerzeit Kultursenatorin der Hansestadt Hamburg, Ginka Steinwachs' »außergewöhnliche Literatur, eine Literatur, die die Welt mit Sprache neu erfindet«.[325] »Ihre hochartifiziellen Sprachspiele, ihre *Sprachakrobatik* und lautmalerischen *Sprachverzwirbelungen*, wie es Rezensenten gern nennen, sind ja nicht selbstverliebter Selbstzweck«, stellt Regula Venske in ihrer Laudatio bei eben diesem Anlass fest. »Sie dienen der Befreiung von Syntax und Semantik ebenso wie der Befreiung verdrängter Gefühle und Wahrnehmungen, sie dienen, in der Besinnung auf etymologische Wurzeln und kabbalistische Verborgenheiten, auch der Bewußtwerdung über historische und gesellschaftliche Zusammenhänge und Tabus«.[326]

Die Stadtromane *Barnarrella* (Barcelona), *marylinparis* (Paris, wie der Name sagt), *Berliner Trichter Bilderbogen* (Berlin im Doppelpack,), und *G-L-Ü-C-K* (Hamburg) sind gewissermaßen Luft-Labyrinthe, mehrdimensionale Kunstwerke, deren Ästhetik die Gegenwärtigkeit des Gedankens im Schriftbild einfängt und auf diese Weise als gestalterisches Element einsetzt. Es sind Sprach-, Schreib- und Verschreibspiele mit doppelter und dreifacher Brechung, je nach Situation und Stimmung. Kein Wunder, dass Sigrid Weigel die Dichterin eine »Flaneurin in der Welt der Schrift« nennt und in diesem Aufsatz die »Spuren Benjaminscher Lektüre in den Texten« findet.[327]

In allen Texten von Ginka Steinwachs fließt gewissermaßen alles zusammen, was wir in unseren Büchern an literarischen Kräften zur Durchmessung und Erweiterung der Wirklichkeiten haben: die Neuerfindung und leidenschaftliche *Verzwirbelung* der Sprache, die Freiheit von Syntax und Semantik als eine Art Tanz der Wörter, das Spiel mit den verschiedenen Ebenen der Realitäten und Irrealitäten, die verworrenen Spaziergänge durch Raum und Zeit. Virtuos handhabt und beherrscht sie alle Varianten sprachlicher, sinnlicher, verwirrender, spielerischer Etüden. Und das Erstaunliche ist: Alle Verwirrung ist hier Sinnschöpfung, Sinnerweiterung, Sinnfindung. So entsteht ein sprachlicher Kosmos ganz eigener Kraft mit hohem Strahlvermögen.

Wie kaum eine andere Dichterin hat Ginka Steinwachs eine vielgestaltige Einheit aus Dichtung, Performance und Leben geschaffen. In einem autobiographischen Text schreibt sie:

»gallbitter und gerbsauer sind nichts für mich.
nichts für mich. süßer die glocken nie klingen, als bei der wahl zum dichter, zur dichterIN. bekämpft der kriminelle die realität, wird sie vom psychotiker negiert, so entwirft der dichter von früh an kraft seiner phantasie ein gegenbild dazu.

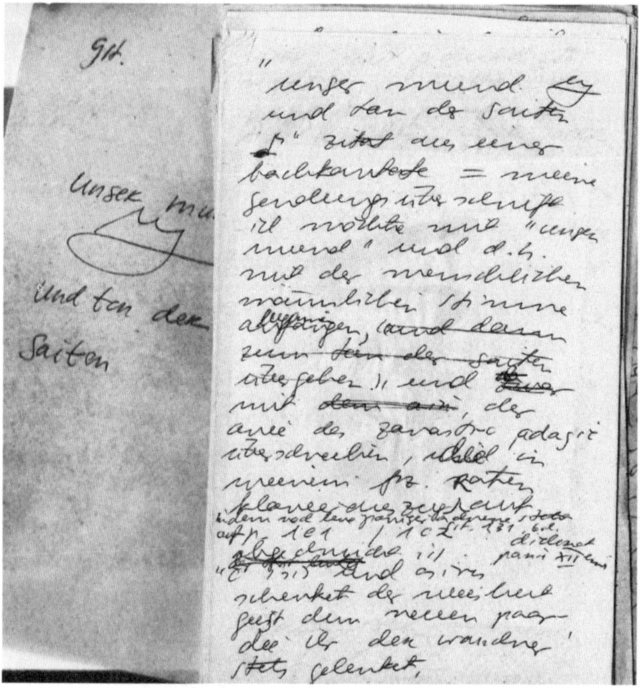

Ginka Steinwachs, Manuskriptseite

für ihn wird die re---, die re---, die realität (louis aragon) zu einer textsorte unter vielen. der traum ist eine zweite, die vision, besser das visualisieren, eine dritte, der wachtraum eine vierte, das spinnen und erfinden, das spielen und probieren sind weitere sorten. so wird die realität reLativiert.«[328]

Und nichts lässt diesen Zusammenhang besser erahnen als ihre hand*verlesenen* Bücher, Einzelexemplare, die Ginka Steinwachs Stück für Stück, Seite für Seite geschrieben, künstlerisch gestaltet und z. T. verschenkt, z. T. gesammelt hat. Man mag sich fragen, ob man derartige Objekte überhaupt unter der Rubrik Buch subsumieren kann – aber Ginka Steinwachs setzt tatsächlich nur eine Tradition von Bewahrung und Überlieferung fort, die jahrhundertelang die einzige schriftliche Überlieferung gewesen war. Wie es scheint, hat im Übrigen Wolf Wondratscheck begonnen, Gedichte und das Manuskript eines Romans als Originale und Einzelstücke zu verkaufen.[329]

Die Königsdisziplin des Versteckens von Semantik ist nicht die Auflösung der grammatikalischen Strukturen oder die Nutzung phonetischer Mittel zur Potenzierung sprachlicher Möglichkeiten, sondern die Erfindung einer eigenen Schrift, einer Geheimschrift. Die beiden bekanntesten Beispiele, Geheimnisse mithilfe unlesbarer Schriftsysteme in die Welt zu setzen und sie damit als unlösbar zu belassen, sind das Voynich-Manuskript eines bislang nicht identifizierten Autors, der wahrscheinlich im späten 15. Jahrhundert gelebt hat, und der *Codex Seraphinianus* von Luigi Serafini von 1981.[330]

Beide Bücher machen sich die Ehre streitig, das ungewöhnlichste, seltsamste, geheimnisvollste Buch zu sein, das jemals veröffentlicht wurde. Vom Voynich-Manuskript ist wohl nur ein einziges Exemplar überliefert, das in der Yale-Universität[331] liegt; es ist allerdings im Internet zugänglich.[332] Der *Codex Seraphinianus* hingegen liegt als Buchausgabe in verschiedenen Verlagen und mehreren Auflagen vor, ist aber auch, jedenfalls auszugsweise, im Internet zu finden.[333]

Das Voynich-Manuskript besteht aus 104 Folioseiten, der Text aus unterschiedlichen Graphemen, die ihrerseits ein *Alphabet* aus etwa 40 einzelnen Buchstaben gänzlich unbekannter Art bilden. Anhand der Illustrationen haben Entschlüsselungsexperten das Buch in sechs Sektionen unterteilt: eine kräuterkundliche, eine astronomische, eine bäderkundliche, eine kosmologische, eine pharmazeutische und eine Rezepte-Sektion.[334] Sonderbarerweise lässt sich allerdings keine dieser Abbildungen einem bekannten Vorbild zuordnen oder in eindeutige Beziehung setzen, es sind mithin Phantasieprodukte. Sie rufen Entzifferungsexperten auf den Plan, die sich kollektiv, konkurrierend, vereinzelt oder in Arbeitsgruppen an die Arbeit machen – niemandem ist bisher ein Erfolg beschieden worden. Allerdings haben sich erst jüngst wieder Experten zu Wort gemeldet und behauptet, wenigstens Teile bzw. Strukturmuster erkennen zu können. Das Ergebnis sieht mager aus: Mehr als Häufigkeitskorrelationen lassen sich auch mit ausgetüftelten linguistischen Methoden nicht ausmachen. Also: eher Fehlanzeige.[335]

Der *Codex Seraphinianus* von Luigi Serafini ist, wie John Coulthart[336] glaubwürdig versichert, von der Erzählung »Tlön, Uqbar, Orbis Tertius« von Jorge Luis Borges inspiriert, in der es an einer Stelle heißt:

»Jetzt hielt ich ein umfangreiches methodisches Fragment der Gesamtgeschichte eines unbekannten Planeten in Händen, mit seinen Bauwerken und seinen Spielkarten, dem Schrecken seiner Mythologien und dem Gemurmel seiner Sprachen, mit seinen Kaisern und Meeren, mit seinen Mineralien und seinen Vögeln und seinen Fischen, mit seiner Algebra und seinem Feuer, mit seiner theologischen und metaphysischen Polemik. Dies alles gegliedert, zusammenhängend, ohne ersichtliche Lehrabsicht oder parodistische Färbung.«[337]

Die letztere Bemerkung ist wohl am wenigsten zutreffend; auch dieses Buch ist ein *hoax*, ein Schabernack wie das Voynich-Manuskript; insgesamt ist es aber doch ein recht getreues Realienkabinett des Planeten Tlöns, jenes Labyrinths, »dessen Sinn es ist«, wie Borges anmerkt, »von Menschen enträtselt zu werden.«[338] Der Codex ist, ebenso wie das Voynich-Manuskript, nach dem Vorbild mittelalterlicher Enzyklopädien[339] angelegt; es kommt auf eine umfassende, systematische Beschreibung der unbekannten Welt an. Diese Beschreibung beginnt zuallererst mit der Schrift selbst, »die wir immer um ein Haar meinen lesen zu können«, wie Italo Calvino klagt, »und die uns doch in jedem Wort und jedem Buchstaben entgleitet.«[340] Werfen wir also zunächst – mit Borges – einen Blick auf die Sprache dieses unbekannten Planeten:

»In der mutmaßlichen ›Ursprache Tlöns‹, von der die heutigen Sprachen und Dialekte herstammen, gibt es keine Substantive: Es gibt unpersönliche Verben, die durch einsilbige Suffixe (oder Präfixe) adverbieller Art näher bestimmt werden. Zum Beispiel gibt es kein Wort, das dem Wort ›Mond‹ entspräche, aber es gibt ein Verbum, das ›monden‹ ›mondieren‹ lauten würde. ›Der Mond ging über dem Fluß auf‹ lautet: *hlör u fang axaxaxas mlö* oder in genauer Wortfolge: ›Empor (upward) hinter dauerfließen mondet es‹.«[341]

Die reich illustrierten Abschnitte des *Codex Seraphinianus* über Physik, Chemie, Mineralogie, Geographie, Botanik, Zoologie, Soziologie, Linguistik, Technologie, Architektur, Sport, Kleidung etc., also praktisch über alle Wissenschaftsbereiche, faszinieren durch eine Logik, die Douglas R. Hofstadter, der Pulitzer-Preisträger von 1979 für nicht-fiktionale

Bücher, als fraktal bezeichnet und damit mathematisch gesehen in die unmittelbare Nähe der Chaostheorie rückt, wie der britische Graphiker und Buchkünstler John Coulthard in seinem Blog anmerkt.[342]

Ganz wie in der Erzählung von Borges, in der »ab 1942« reale Objekte aus Tlön auf der Erde auftauchen, lässt sich das Erscheinen des Codex auf der Erde vierzig Jahre später als eine von Tlön auf die Erde geschickte Manifestation der anderen Welt und damit als Vollendung der Fiktion verstehen: »listen: there's a hell / of a good universe next door; let's go«[343], zitiert John Coulthard in seinem Blog einen Vers von E. E. Cummings und öffnet damit eine Tür in das Universum des *Codex Seraphinianus* als eines anderen, in diesem Fall sogar Heil versprechenden Universums, eines Universums allerdings, das wir noch nicht verstehen, und darauf kommt es an. In einem Gespräch mit der Oxford University Society of Bibliophiles vom 8. Mai. 2009 erklärte Serafini, dass die Schrift des Codex »asemisch« sei und seine Erfahrung beim Schreiben derjenigen des »automatischen Schreibens« gleiche. Durch sein Alphabet wolle er dem Leser die Empfindungen von Kindern vermitteln, die vor Büchern sitzen, die sie noch nicht lesen können, von denen sie aber wissen, dass sie für Erwachsene Sinn haben.[344] Da sie aber ahnen und vor allem hoffen, dass es irgendeinen Sinn gäbe in dem unermesslichen Kosmos, suchen sie ihn überall, vor allem seit alters her bekanntlich in den Sternen. Wir befinden uns hier in einer Gesellschaft Suchender nach Signalen, die wir nicht anders als ikonokryptisch bezeichnen können, Zeichen in der Dunkelheit: »Rächende Augen, von der un-

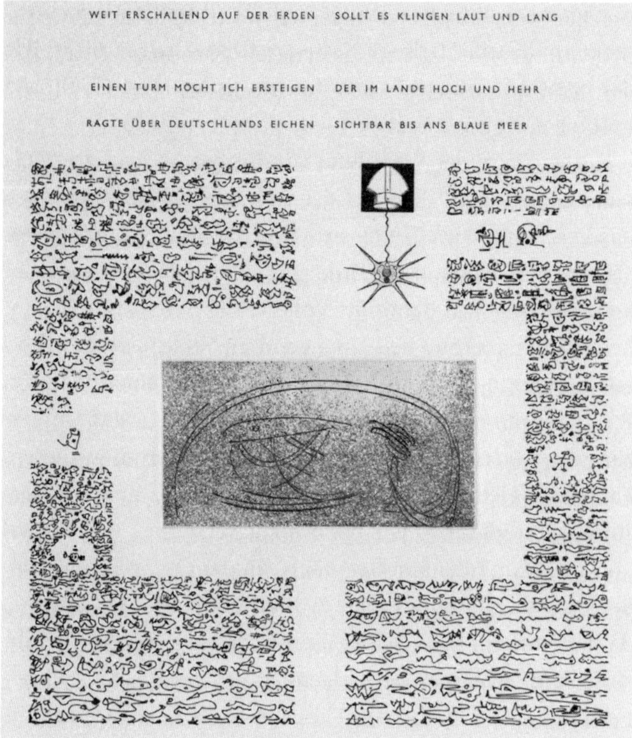

Seite aus Ernst Leberecht Tempel, Max Ernst, *Maximiliana ou l'exercise illégal de l'astronomie*

wissenden Wissenschaft Meteore genannt, verbreiten ein fahles Leuchten, stürzen, sich um sich selbst drehend, vorüber und sprechen geheimnisvolle Worte […], die er versteht!«[345], behauptet Lautréamont. Aber es versteht eben nur der Eingeweihte. Gelegentlich, selten genug, blitzt aber ein neuer Stern auf und wird entdeckt; dann lesen wir ihn als ein

Zeichen, wie Max Ernst in seiner mit unlesbarer und doch bedeutungsvoller Schrift gefertigten Hommage[346] an den von allen guten Akademikern verachteten Ernst Wilhelm Leberecht Tempel: »Man kann dieser Gegenüberstellung von Schrift und Sternen eine Deutung geben«, wird Werner Spies in dem von Peter Schamoni herausgegebenen Büchlein zitiert.[347] Spies spricht damit natürlich allen jenen aus der Seele, die zwischen Kunst und visionärem Blick keine Trennung erkennen können.

1861 hatte der Lithograph und Astronom Ernst Wilhelm Leberecht Tempel (1821–1889) behauptet, einen »Planeten Nr. 65« entdeckt zu haben, und ihn *Maximiliana* genannt.[348] Max Ernst hat diese *Entdeckung* zum Anlass genommen, die Unendlichkeit des Kosmos den Grenzen der menschlichen Existenz gegenüberzustellen – dieses Kunststück gilt heute als zentrales Werk von Max Ernsts spätem graphischen Œuvre. Darin eingebettet gibt es eben auch das gelegentliche Aufblitzen von Sinn. Noch einmal Werner Spies: »So, wie dann und wann ein Stern aus der Unzahl auftaucht – als sich bewegender Planet, als Komet –, so taucht aus dem Haufen des Unverständlichen dann und wann ein Schriftzeichen auf, dessen Ideogramm uns verständlich wird. Man könnte folgern: den Grenzen des Sehens entsprechen die Grenzen des Verstehens.«[349] Und damit sind wir wieder jenseits der Vernunft und treffen auf eine Vorstellung, die zu Borges' Deutung passt, nach der die Metaphysiker von Tlön nicht die Wahrheit suchen, »nicht einmal die Wahrscheinlichkeit: Sie suchen das Erstaunen. Sie halten die Metaphysik für einen Zweig der phantastischen Literatur.«[350]

Zufallsgenerator – mechanische Texte

»Ein Affe war einst ungefähr
in eine Druckerei gekommen,
nachdem er nun, was drucken wär',
nach Möglichkeit in Acht genommen,
trug er viel Lettern mit sich fort
und stieg auf einen hohen Ort,
legt unten hin viel weiße Bogen
und warf, ohn' allen Witz und Sinn,
die Lettern aufs Papier dahin,
so wie er sie herausgezogen.

Ein Eremit ging da vorbei:
›Was‹, rief er, ›machst Du hier, mein Affe?‹
›Hier hab ich ein Druckerei,
daß ich der Welt viel Nutzen schaffe‹,
war dessen Antwort, ›sieh nur an,
ob ich nicht sauber setzen kann
und wie ich hier mit großem Glücke
und leichter Mühe Bücher drucke.‹

›Jawohl! Jawohl! Mit leichter Müh'‹,
versetzte jener ihm dagegen;
›allein komm auch herab und sieh,
wieviel an Deinem Fleiß gelegen
und ob auf diesem ganzen Blatt

ein Wort nur Sinn und Meinung hat?
Soll dieses Bücher drucken heißen?
Soll so Dein Werk vonstatten gehen?
Die Lettern aufs Papier zu schmeißen,
macht nicht, daß Bücher draus entstehen.

Wo nicht Verstand die Hände leitet,
wird kein gelehrtes Buch bereitet:
wirf hundert Jahr und weiter fort
und doch entspringt kein kluges Wort.‹
Starke Geister, welche meinen,
daß durch Zufall sich die Welt
selbst in Ordnung hergestellt,
dürfen gleichfalls nicht verneinen,
daß die kluge Druckerei
unseres Affen möglich sei.
Wenn man von dem Druck des Affen
einst ein kluges Buch erhält,
glaub ich auch, daß sich die Welt
ungefähr von selbst erschaffen.«[351]

Ein Affe als Buchdrucker, das sagt ja schon alles. Dieser seltsame Buchdrucker findet sich in den *Neuen Aesopischen Fabeln* des sächsischen Mediziners und Poeten Daniel Wilhelm Triller (1695–1782) und spiegelt wohl einen der Literatenstreite der Jahre um 1770 wider, in dem sich die damaligen Spitzenpoeten gegenseitig Neid, Unfähigkeit und Nachahmung vorwarfen.[352] Vor allem aber unterstellten sie der jeweiligen Gegenseite, Zufallsprodukte, also Minderwertiges zu liefern. Dabei geht es im Grunde um die Konfrontation der Dichtkunst mit der Philosophie. Nach Hegel hat nämlich »die philosophische Betrachtung [der Weltgeschichte] keine andere Absicht, als das Zufällige zu entfernen«.[353] Dichtung aber hat im Allgemeinen eine andere, genau gegensätzliche Absicht. Und dass die nicht dem allgemeinen philosophischen Weltgeist entspricht, liest man auch bei Hegel: »Wir müssen in der Geschichte einen allgemeinen Zweck aufsuchen, den Endzweck der Welt, nicht einen besondern des subjektiven Geistes oder des Gemüts, ihn müssen wir durch die Vernunft erfassen, die keinen besondern endlichen Zweck zu ihrem Interesse machen kann, sondern nur den absoluten, allgemeinen Zweck aufsuchen, den Endzweck der Welt«.[354] Da Kunst im weitesten Sinne aber genau dies ist: subjektiver Geist und Gemüt, fahren Philosophen ihre Geschütze gegen sie auf, zum Beispiel Arthur Schopenhauer: »Zweckloses Spielen mit den Mitteln der Kunst, ohne ihren Geist zu besitzen, ja nur ihren Zweck zu verstehen, – das ist der Charakter aller Pfuscherei, in Kunst, Poesie, Philosophie, Musik, Architektur und Allem.«[355] Diese Künstler, so noch einmal Schopenhauer, »glichen Maschinen, die, was man hineinlegt, zwar sehr fein zerhacken und durch einander mengen, aber nie verdauen können«.[356] Solcherart wäre wohl eine Literatur, die sich vom sinnhaft originalen ab- und einer spielerisch-chaotischen Textverarbeitung zuwendet. Das Stichwort *Textverarbeitung*, dieser Fachbegriff der Computer-Schreibarbeit, ist bezeichnend für eben diese nicht aus der *auctoritas* des Schriftstellers, son-

Georg Philipp Harsdörffer, *Fünffacher Denckring der Teutschen Sprache*

dern aus dem Reservoir der Maschine stammenden Texte. Es gibt sie seit langem – sie waren früher unter dem Begriff der *ars combinatoria* zu finden. Georg Philipp Harsdörffers *Fünffacher Denckring der Teutschen Sprache*[357] gehört dazu.

Der Denkring ist eine Art manuellen Zufallsgenerators; er besteht aus fünf Ringen, die gegeneinander verschoben werden können. Harsdörffers Betriebsanweisung lautet so:

»Wie alle Sachen im Anfang / Mittel vnd Ende bestehen / also wollen wir auch die Buchstaben der einsylbigen Wörter abtheilen in 60. AnfangsBuchstaben auf dem zweyten Ringe, in 12 MittelBuchstaben auf dem dritten Ringe: in zweymal 60 das ist 120 Endbuchstaben: auf dem vierten Ringe. Diesen werden vorgesetzet 48 Vorsylben auf dem ersten Ringe / und nachgesetzet 24 Nachsylben / auf dem fünfften Ringe. Hierbey werden wir als an einen Denckring / alle einsylbige Stammwörter / wie auch alle Reimendungen leichtlich bemercken können.

Will ich nun alle Stammwörter ordenlich finden / so fange ich bey dem *A* deß zweyten Ringes an / und drehe darzu das kleine *a* deß dritten Ringes: dann suche ich den vierten Ring Aab / Aabb/Aabd / etc. blinde oder deutunglose Wörter / biß auf das ch / Aach / *Aquisgranum*, eine benamte Stadt in Niderland / Aal / eines Fisches und eines Schusters Werckzeug Namen / Aas (*cadaver*) &c.«[358]

Harsdörffer beschreibt in diesem Kapitel im Übrigen weitere Methoden zur Kombination von Buchstaben, etwa auch ein Würfelspiel, eine Buchstabenpyramide etc. Wie mithilfe dieser Kunst der Kombinatorik Sprachspiele entstehen können, hat Harsdörffer u. a. in seinen *Frauenzimmer-Gesprächsspielen* demonstriert, Dialogtexten, die, wollte man sie nachstellen, einen Eindruck jener intellektuellen Geselligkeit im Originalton vermitteln würden, wie sie im 17. und Anfang des 18. Jahrhunderts gang und gäbe war.[359]

Der Beginn des mechanistischen Zeitalters hat auch den Traum von der Mechanisierung der Sprache hervorgebracht; hiervon legt zum Beispiel auch die *Metaphernmaschine* des Universalgelehrten Athanasius Kircher (1602–1680) Zeugnis ab, eine Walzenkonstruktion, auf der verschiedene Bildvorlagen angebracht waren, die, während man sie betätigte, mithilfe eines Spiegels an eine Hinterwand als ein Lichtbild geworfen wurden. Der Betrachter, der auf diese Hinterwand schaute, sah dort nicht nur die verschiedenen Bildmotive, sondern auf einem weiter oben angebrachten Spiegel auch sich selbst. So wird die barocke Methode der *ars combinatoria* objektiviert und zur Erfüllung gebracht, freilich nicht nur als poeto-mechanische Operation, sondern auch als eine Mechanisierung der Traumproduktion: Die Bildvorlagen können ja zugleich zur Grundlage der bewusst nicht steuerbaren Schlaf-Bilder werden und so zur Sinnstiftung des vermeintlichen Unsinns führen. Der Mensch erkennt sich im Bild des Zufalls und gelangt auf diese Weise reflexhaft zu sich selbst, auf einem quasi-logisch gesteuerten Umweg.

Noch Stanisław Lem führt uns vor Augen, dass dieser Traum von der mechanischen Herstellung von Texten die starke Tendenz hat, zum Alptraum zu werden. Lem erzählt vom Schicksal des »Elektrobarden«, einer Schöpfung des Konstrukteurs Trurl aus den *Fabeln zum kybernetischen Zeitalter*, der es in einem kybernetischen Selbststeuerungsprozess vom Kauderwelsch (»Knistergeigenseite Streptokokkenkatermannzaubersymphophon«) zum »größten Dichter des Universums« bringt und seine »unsterblichen Werke durch feurige Pulsationen in sämtliche Welten des unendlichen Weltraums« ausstrahlt.[360] Ein Alptraum eben an Sinn-Überschüttung und also grandioser Unsinn.

Der wohl berühmteste literarische *Würfelwurf* der Neuzeit ist vermutlich Stéphane Mallarmés Poem *Un Coup de Dés*[361], also das erste Gedicht, das die Doppelseite des Buchs und somit eine typographische Dimension in die künstlerische Genese miteinbezieht. Das Poem, in der Literaturgeschichte wahrgenommen als ein Gründungsdokument der Moderne[362], 1897 in der literarischen Zeitschrift *Cosmopolis* zuerst gedruckt, erschien in Buchform 1914, 16 Jahre nach dem Tode Mallarmés. Einen Teil der Entstehungsgeschichte erzählt ausführlich Hans Blumenberg als Schlüsselerlebnis Paul Valérys. Dieser habe »Wert darauf gelegt«, so Blumenberg, »der erste Mensch gewesen zu sein, der dieses außerordentliche Werk zu sehen bekam; er hat auch das Datum fixiert, an dem Mallarmé ihm die Probeabzüge vorgelegt und die Frage gestellt hatte: ›Ne trouvez-vous pas c'est un acte de démence?‹«[363] Blumenberg versteht diesen Moment für Valéry als einen »Augenblick der Verwandlung eines Stücks Papier in eine kosmische Vision«, mit anderen Worten als eine Epiphanie. In Blumenbergs Wahrnehmung wird Valéry zum Bewahrer der wahren Absichten des »Meisters« Mallarmé, dem »alles auf den Akt des Lesens, der Durchbrechung des bloßen Zeilenbildes, der Aufhebung der linearen Sukzession, die die Sprache erzwingt, angekommen sei«, der sich zudem berechtigt fühlt, gegen eine – erst nach Mallarmés Tod – beabsichtigte Adaption des Gedichtes für das Theater einzutreten. Und so wird nun Valéry zum Gewährsmann Blumenbergs für das Prinzip der Lesbarkeit als etwas Letzterreichbares von Dichtung überhaupt gegenüber jeder Art von performativer, also gesprochener Darstellung:

»Die Unmöglichkeit der theatralischen Umsetzung des Gedichts beruht darauf, daß jede andere Fassung als die der ansichtigen Lesbarkeit den Abgrund des weißen Nichts, über dem sich der Text in seiner Faktizität abhebt wie der Würfelwurf aus dem Schiffbruch, mit Beliebigem zudecken und ausfüllen müßte. Die Sichtbarmachung der absoluten Faktizität erfordert die Weiße des Papiers, um das, was ihm in der Verteilung des bloßen Willensentscheids aufgedruckt ist, erscheinen zu lassen *comme des êtres, tout environnés de leur néant rendu sensible*. Der Vergleich geht vom Druckbild auf den gestirnten Himmel, in dessen Eindruck sich gleichermaßen Zufälligkeit und Endgültigkeit verbinden«.[364]

Tatsächlich hatte aber Mallarmé in dem zur Veröffentlichung in der Zeitschrift *Cosmopolis* gedachten Vorwort seine Vorstellung einer Wortmelodie, die sich aus der Organisation bzw. Anordnung des Textes auf den Seiten ergibt, erklärt:

»Anzufügen wäre, daß aus dieser bis zum äußersten vorgetriebenen Anwendung des Denkens mit Zurücknahmen, Ausweitungen, Ausbrüchen, oder aus dem Schriftbild für den, der laut lesen will, eine Partitur hervorgeht. Der Unterschied in den Drucktypen zwischen dem Hauptmotiv, einem sekundären und den angegliederten gibt dem mündlichen Vortrag die Verteilung der Gewichte, und die Wurfweite, zur Mitte, nach oben, nach unten auf der Seite zeigt an, ob der Ton steigt oder fällt«.[365]

Niemand wird behaupten wollen, Mallarmé hätte tatsächlich die Wörter seines Gedichts nach dem Zufallsprinzip gefunden[366]; gleichwohl haben es Rezipienten aus Ungenügen am einfachen Weg des Verstehens für nötig befunden, dieses Poem einer Entschlüsselung auszusetzen, eine offenbar schwierige Aufgabe:

»Wenn es […] im *Würfelwurf* wirklich ein Rätsel gibt – das es wie den ›Trick‹ eines Zauberkünstlers zu enttarnen gilt –, so wird seine Aufklärung sicher nicht den poetischen Sinn des Textes erhellen, der damit in einem neuen Licht gezeigt wird. Vielmehr wird die Aufklärung ihn auf gefährliche Weise komplizieren, indem sie uns danach zu fragen zwingt, warum Mallarmé sich wirklich zu einem Akt entschieden hat, der eines großen Dichters keineswegs würdig erscheint: nämlich die kindliche List einer Enträtselung in den Glanz seiner gebrochenen Verse einzuführen. Sich also gerade dort mit Abzählen – […] – und mit der Scharade einer rätselhaften Zahl zu vergnügen, wo die moderne Dichtung eine unvergleichliche Revolution des Schreibens von beispielloser und immer noch unerreichter Radikalität erfahren sollte. Derartige Spielereien in eine solche Schönheit einzufügen, ja einen solchen Einsatz aufs Spiel zu setzen – es fragt sich, wie Mallarmé uns das hat antun können.«[367]

Wir können hier wieder an die Pataphysiker denken, die an der Mechanisierbarkeit der Dichtung Geschmack fanden und sich daran labten:

»Die Sprache ist in gewisser Hinsicht etwas Künstliches. Literatur, die aus Sprache gemacht ist, enthält demnach Künstliches, sie besteht aus Künstlichem, und das bedeutet, da das Künstliche, theoretisch wenigstens, mechanisierbar ist, daß auch die Literatur mechanisierbar ist. Literatur und

Maschine mag für manchen zwar schlecht klingen und scheint sich a priori sogar zu widersprechen, da Literatur Freiheit heißt, Maschine aber ein Synonym für Determinismus ist. Es ist aber doch so, daß die wesentliche Eigenschaft der Maschinen nicht die ist, daß sie determiniert, sondern daß sie organisiert sind. Organisiert, das heißt, daß eine bestimmte eingegebene Information so behandelt wird, daß alle Möglichkeiten dieser Information systematisch im Lichte eines Modells betrachtet werden, das von Menschen oder von einer Maschine geliefert wird, deren Modell ebenfalls von einer anderen Maschine geliefert werden könnte, deren Modell und so weiter.« [368]

Es kommt also darauf an, das Gesetz hinter dem Zufall zu erkennen, ähnlich wie ein Roulettespieler, der im Kugelwurf ein System, oder ein Informatiker, der den Algorithmus bestimmter Entscheidungen finden möchte.

Was einst der Denkring Harsdörffers war oder die Metaphernmaschine des Athanasius Kircher, ist heute der Computer. Schier unbegrenzt in seinen Möglichkeiten, aus sinnvollen Eingaben sinnlose Wörter, absonderliche Zeichen, Striche und Grapheme zu generieren und wieder zurückzuverwandeln, bietet er alles, was des Dichters Herz begehrt. So etwa der folgende zufallsgenerierte Text, der sich aus Kafkas *Schloß* speist:

»DER GRAF DER FREMDE DER BLICK DIE KIRCHE
DAS SCHLOSS DAS BILD DAS AUGE DAS DORF
DER TURM DER BAUER DER WEG DER GAST
DER TAG DAS HAUS DER TISCH DER KNECHT

OFFEN STILL STARK GUT SCHMAL NAH NEU
LEISE FERN TIEF SPAET DUNKEL FREI
GROSS ALT WÜTEND«[369]

Komplexer ist das *Volksbuch* des Wiener Architekten, Filmemachers und Projektkünstlers Heidulf Gerngross.

Ganze neun Jahre hat der *Chaosmacher*, wie jüngere Architekten ihn nennen, an diesem Roman gearbeitet – es sei, so behauptet er, der erste Computerroman der Welt. Handlung auch im weitesten Sinne besitzt das 1978 im Wiener Rhombus Verlag erschienene, 1280 Seiten starke Werk nicht. Es sind, so erklärt der Verlag,

»SPRACHWELTEN – Lautverschiebungen, Erinnerungs-, Verdichtungs-, Wiederholungsrhythmen, eine neue Metrik! Worte sind Personen und sprechen: imaginäres Theater. Mechanische Dichtungen; visuelle Veränderungen, das Raumalphabet, ein einziges Zeichen aus verschiedenen Richtungen gesehen ersetzt alle Buchstaben; Symbole erscheinen. Man spürt die Umstülpung und sieht und hört darstellende Kunst, Sprache, Musik, technisch mit Hilfe des Computers erreicht (jedes Wort und jedes Zeichen wurde datenmäßig erfaßt!) Globalansprüche an eine absolut neue Sprachanordnung. Dieses Monumentalwerk ist eines der wichtigsten Bücher der letzten Jahrhunderte«.[370]

Vermutlich hat sich Gerngross an dem Suprematismus insbesondere von El Lissitzky (1890–1941) orientiert, der maßgeblich zur Entwicklung konstruktivistischer Ideen und Kunstformen beigetragen hat. Gerngross hat nun, El Lissitzkys Vorstellung weiterentwickelnd, aus Variation von rech-

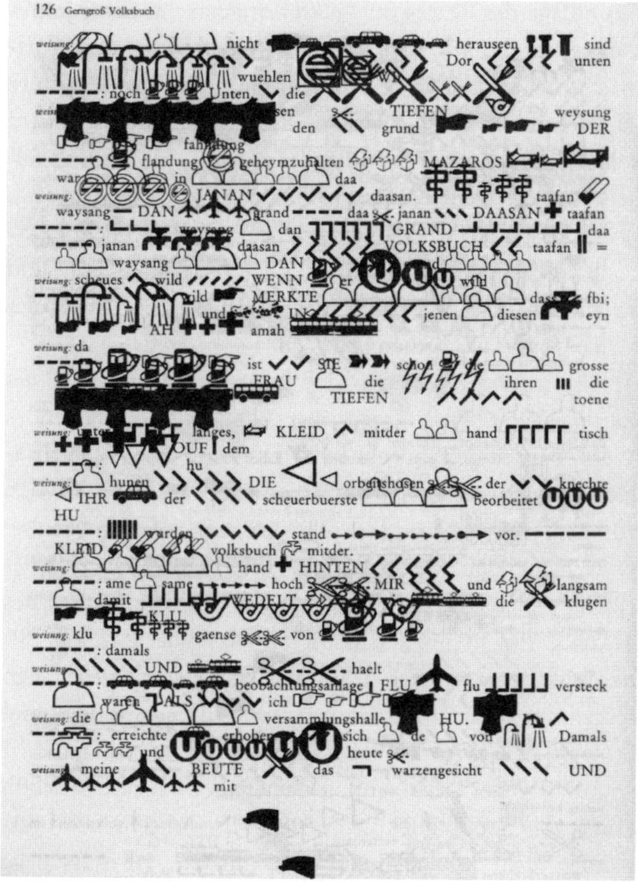

Seite aus Heidulf Gerngross, *Volksbuch*

ten Winkeln, Goldenen Schnitten etc. ein eigenständiges digitales Alphabet entwickelt, mit dem ›normalen‹ Alphabet der deutsch-österreichischen Sprache kombiniert und zur

Grundlage des Textes im *Volksbuch* gemacht. Seine jahrelange Sammlung von Sprachfetzen, Werbetexten und Wortbruchstücken lässt keine auch nur bruchstückhafte Lektüre zu. Wer glaubt, einen roten Faden gefunden zu haben, wird sofort eines anderen belehrt, wer einem Gedanken zu folgen versucht, sieht sich radikal enttäuscht: »es also erledigt doch dos ist noch NET olles was soll nachtraeglich volksbuch volksbuch noch? kommen WUNDERTE sie sich und schaute…« – so noch die verständlichsten Wörter auf der beliebig aufgeschlagenen Seite 368.

Ähnliches gilt auch für das Folgeprojekt, das *ABC des Raumes*, ein ebenfalls weit über 1000 Seiten umfassendes Werk, das als das »absolute Extrem einer inkommensurablen Literatur« gilt, als »Monstrum«, als absoluter Irrwitz, von dem freilich Gerngross selbst behauptet, gesprochen sei es leicht zu lesen, wie Heinz Ludwig Arnold in der *ZEIT* berichtet.[371] Selbstverständlich ist der mündliche Vortrag des Textes gar nicht möglich, nicht nur wegen der Zeichen, Bilder und Fremdartigkeit des Alphabets selber, sondern auch wegen der völligen Zufälligkeit der Wörter – Stottern und Stolpern beim Vorlesen wäre noch das Mindeste.

Zufallsgenerierte Computertexte sind inzwischen schon längst kein Sonderfall künstlerischer Produktion mehr. Wir werden nicht nur mit ihnen leben müssen, wir müssen sie auch im Zusammenhang mit der Veränderung unserer Wirklichkeit selbst verstehen lernen. Als Teile einer zunehmend durch elektronische Medien erschlossenen und miteinander vernetzten Welt sind sie maßgeblich an der radikalen Veränderung unserer Lebenswelt beteiligt.[372]

Über den Rätselcharakter der Kunst[373]

»Jede Kultur hat letztlich den Wahnsinn, den sie verdient«[374]

Wahnsinn, Schizophrenie, Wahrnehmungsstörung und Wahrnehmungszerstörung – diesen und anderen, verwandten Merkmalen sind wir beim Durchlesen dieser Bücher begegnet. Ja, wir haben das Schreiben selbst als Teil dieses Wahnsinns gespürt, ganz im Sinne Michel Foucaults, der schreibt: »Entscheidend ist die Frage, welche Richtung die Fäden nehmen, aus denen das Gewebe des Schreibens entsteht. In diesem Punkt existiert das Schreiben [...] offensichtlich für sich selbst und, falls nötig, auch ohne jeden Konsum, ohne Leser, ohne jegliches Vergnügen und ohne jeden Nutzen. Diese vertikale und nahezu nicht übertragbare Tätigkeit des Schreibens ähnelt in Teilen dem Wahnsinn [...]. Hinter jedem Schriftsteller steht der Schatten des Wahnsinnigen, der ihn stützt, beherrscht und verdeckt. Man könnte sagen, sobald der Schriftsteller schreibt, ist das, was er erzählt, was er im Akt des Schreibens hervorbringt, ohne Zweifel nichts anderes als Wahnsinn.«[375]

Für Foucault sind Wahnsinn, Geisteskrankheit, Irrsinn etc. Phänomene, die dem historischen Wandel unterworfen sind; er sieht sie im Geflecht von Besonderheit – Ausgesondertheit – Macht – Wahrheit und betrachtet sie als Soziologe, also nicht unter dem medizinisch-pathologischen

Aspekt. In diesem Zusammenhang werden seine Beobachtungen und Analysen für meinen Blick auf die Texte dieser besonderen Bibliothek relevant.

Wir erinnern uns an die Wanderer zwischen den Welten, die Labyrinthe mit ihren sprachlichen Fallstricken und Fehlinformationen, an die Schiffe unserer zahlreichen Odysseen, deren Seefahrer auf der Suche nach der Heimat durch die Meere irren. Es sind Varianten der Narrenschiffe, »stark symbolische Schiffe mit Geisteskranken auf der Suche nach ihrer Vernunft«.[376] Wir haben es hier mit einem Wissensdiskurs zu tun, so noch einmal Foucault, »der in Wahrheit keinen Willen zur Wahrheit besitzt und ihn nicht in sich selbst trägt«[377], mit einer Doppelstrategie offenkundig, in der Schriftsteller als quasi vom Wahnsinn Umsorgte Texte hervorbringen, in denen der Wahnsinn über die Figur triumphiert und den Leser zu einem scheinbar sinnlosen Irrsinn treibt. Diese Texte sind Orte, in denen die Hervorbringung des Irr-Sinns über die Rationalität triumphiert.

Unter dieser Prämisse nimmt der Roman *Die Spaltung* von Ernst-Jürgen Dreyer[378] exemplarischen Charakter an, ein Roman, der den Wahnsinn konstruiert, indem er ihn auf persönlicher, politischer und sprachlicher Ebene abbildet. Das »Anliegen dieses Romans«, erläutert der Rezensent der *Neuen Zürcher Zeitung*, ist »die Darstellung eines Bewusstseins, das mit dem Leben unter den Bedingungen des totalitär verwalteten Teils von Europa nicht fertig wird. *Darstellen* bedeutet in diesem Fall sowohl die Benützung als auch die Erschaffung klanglicher, assoziativer und nicht zuletzt optischer Möglichkeiten der Sprache, die sich unsere Schulweisheit auch nach Joyce kaum erträumen würde«.[379]

Dieser Roman verlangt, dass »man sich eine Weile in die Irre lesen [muss], ehe man begreift«.[380] Wie alle derartigen Texte erschließt sich auch dieser erst durch einen performativen, also aktiven Enträtselungsprozess, beispielsweise durch lautes Lesen. Gewiss, es gibt einen realen Kern: der Versuch des in der damaligen DDR lebenden Protagonisten – eines Studenten namens Landmann –, eine Reiseerlaubnis zu erhalten, um zu seiner in Frankfurt am Main, also im Westen lebenden Freundin zu gelangen – aber dieser Versuch endet für den Protagonisten im Wahnsinn, aus dem es kein Entrinnen gibt, ebenso wenig wie aus der weltpolitischen Lage, in der sich Deutschland vor dem Fall der Mauer befand. »Es könnte sein«, schreibt Dreyer, der selbst die DDR verlassen konnte und in den Westen übergesiedelt war, »daß ich mich in dem Irrgarten [...] selber nicht mehr auskenne«, und weiter:

»Das gilt namentlich für den Irrsinns-Topos, der zugleich mit dem Bild des Untergehens in einem Moor das letzte Buch beherrscht. Es gibt Indizien, daß die Trümmer, in die der Held in diesem Kapitel zerfällt, sich neu ordnen. Jede Emigration ist ein kleiner Tod, auch die von Deutschland nach Deutschland; insofern ist das letzte Buch auch ein Gleichnis für die gegenwärtige Situation, in der die Emigration und damit jener Tod sich sogar der Daheimgebliebenen in ihren vier Wänden bemächtigt. Zum Sumpf, zum Irrsinn drängt sich der Tod bei lebendigem Leib zusammen [...].«[381]

Der Text selber ist eine Art »Weltbrutkasten« im Sinne Peter Sloterdijks[382], der seine eigenen »Schäume« produziert. Ihre bewegende Kraft ist die stets sich neu reproduzierende Ungewissheit, die ja auch das Merkmal zeitgenössischer Musik ist. Dieser Hinweis kommt nicht von ungefähr; Dreyer ist ja Musiktheoretiker, und mein Hinweis bezieht sich auf Philipp Manoury. In seinem Aufsatz über die »Erfindung der Musik«[383] vergleicht Manoury den Zusammenhang bzw. gerade den Gegensatz von Schrift und Sprechen: »Verglichen mit der Bestimmtheit der Schrift bringt die mündliche Komponente der Musik eine Dimension der Unbestimmtheit ins Spiel. Die große Frage der Unbestimmtheit treibt sämtliche Wissenschaften um, vor allem jene, die sich mit der Erklärung der Naturphänomene beschäftigen«.[384] In der Tat ist die mündliche Komponente in Dreyers Roman von einiger Bedeutung: »Vorlesen läßt sich der kryptische Text, nur leider nicht mit dem justen Text zugleich, nicht nur darum, weil man seine Stimme nicht spalten kann, sondern weil sich, selbst wenn man es könnte, die Perspektiven nicht vereinigen lassen: jede Perspektive auf den einen Text macht den anderen unlesbar«.[385] Allerdings gibt der »Klang […] preis, was [das] Schriftbild verschweigt«.[386] In langen Phasen verwickelt sich »die phonetisch notierte Sprache«[387] in ein immer unverständlicheres Gestammel, in diesem Fall in eine Mischung aus Leipziger Dialekt, Funktionärsdeutsch-russisch und Ulbricht-Speech, eine absurde Belehrung der Qualitäten des DDR-Staates: »Ich gebe dir dsu», erläutert der DDR-Beamte, der die Ausreisegenehmigung zu erteilen hat, »dasin deine

Mengege wijdiger Gründe, ja? die ersde doidsche Arbeider und Bauernmard mi dwalsche Naugendsube drarden. Nun, ich billige dir das dsu. Aber ich gan dir den Worwurw nijdersch baren, dasdubis jeds dnichdeinmal den werSurundernommenasd, dijaus den bürgerlijen Worschdellungendsube wreien«.[388] Diese »Sprachmaske«, so Dreyer, will hier wie auch sonst im Roman kein bloßes Lautnotat sein, sondern »Erfahren, Beleben und Individuieren der aufgenommenen Welt«.[389] Es gibt andere Dialekte, die akkumulierend ihrerseits in Unverständlichkeit münden. Wir befinden uns hier, folgt man der Informationstheorie, auf mehr als halber Strecke zwischen schriftstellerischer Strategie und unkalkulierbarem Chaos. Sammelt man die Selbstbeschreibungen Dreyers, erhält man einen kleinen Katalog all jener Kriterien, die zu den unlesbaren Texten führen: eine »Tupfen-Technik wie die impressionistischen Maler«[390], »die Austreibung Gottes aus der Grammatik«[391], der »parabolische Irrgarten«[392], »die Verschweigungen und Hohlräume des nichtdiskursiven Erzählens«.[393] Im Roman selber, für dessen Sprachraum es die schöne Metapher von Glocke und Glockenschwengel gibt[394], in dem jedoch die »Buchstaben [...] nichts als die Atome mehr zu bedeuten haben, aus denen sich die Druckerschwärze zusammensetzt«[395], irren wir durch Labyrinthe von Bildern, Szenen, Dialekten. Zerrissene bzw. auseinanderbrechende Wirklichkeiten schildert uns Dreyer oft buchstäblich und optisch im Druck. Der Roman ist Abbild (Dreyer nennt ihn naturalistisch[396]) einer ins Wahnhafte gesteigerten Welt und Produktionsmittel einer sich wahnhaft steigernden Wahrnehmung zugleich. Der

Text mithin ereignet sich als chaotisches Zerrbild einer unbeschreiblichen Welt.

Wir Menschen aber wollen, vielleicht müssen wir die Welt beschreiben. Weil wir uns nicht abfinden mit dem Ende des Lebens, sondern voller Hoffnung sind, wie Raoul Schrott in seinem monumentalen *Erst Erde Epos* schreibt: »[…] • vornübergekrümmt in den wind sind wir die hellsichtig buckligen der schöpfung • jeder seinen gott schwer auf den schultern tragen wir zugleich unsterbliches in uns und vermögen uns doch nicht mit dem absehbaren tod abzufinden […].«[397]

Uns treibt offenbar diese gewisse Ungewissheit, von der Philippe Manoury spricht, und ebenso hat sie vermutlich auch Raoul Schrott zu seinem gewaltigen, ausufernden und großartigen Werk getrieben. Schrott verwandelt die Ödnis der natürlichen Welt in einen geheimnisvollen Zaubergarten, voller Rätsel, mit ikonokryptischen Zeichen überall. Niemand ist damit allein, denn die Menschen insgesamt tun dies, seit biblischen Zeiten, mit Schuldgefühlen und schlechtem Gewissen: »Das Gewissen richtet streng über unsere geheimsten Gedanken und Taten und irrt sich nicht«, schreibt Comte de Lautréamont in den *Gesängen des Maldoror.* »Wenn es auch oft nicht imstande ist, das Böse zu verhüten, läßt es nicht ab, den Menschen wie einen Fuchs zu hetzen, vor allem während der Dunkelheit.«[398]

Die *Sternstunde*, das Zeichen, das Rätsel am Himmel, eingeschrieben in die Ewigkeit der Bewegung – so sah man ja immer das Innere des Menschen widergespiegelt im äußeren Geschehen, wiederholt, reproduziert, gebrochen auch und gezeichnet; dies ist auch der eigentliche Grund für Schrotts ausschweifenden Blick in die Sternen- und Kometenvielfalt und die Entstehungsgeschichte der Erde. Der Mensch war ein über Jahrhunderte hinweg durch äußere Geschehnisse gezeichnetes Wesen: Natur grub ihre Spuren tief ein in Körper und Seele, Gestirne schufen Phantasmen der Angst; Kometen und Meteore leuchteten wie Fackeln des Untergangs, selten der Erhöhung: Der Stern von Bethlehem war ein solches Zeichen der Hoffnung, geboren aus der Furcht vor der Niedertracht der Natur, die sich die Menschheit als Opfer für ihr blindes Tun oder Gott als Sühne für Sünde und Verderbnis gesucht hatte. Der Halleysche Komet, der sich in großen zeitlichen Abständen der Erde nähert und dann wieder in den Raum zurückzieht – ein Schreckenszeichen. Und die Frage bleibt:

»ist es nur der zufall der zusammenfügt was sich gar nicht sucht? oder war leben immer schon darauf angelegt aus dem schwären hervorzutreten – als nasser wundbrand? Mit jedem atom verkörpert es den makel des anfangs: zerrissen im leeren um daraufhin sein heil zu entdecken im reinen überstehen in dem scheinbar unaufhörlichen nachhallen einer explosion«.[399]

Und so macht auch Raoul Schrott aus der grauen(vollen) Natur etwas Sinnhaftes. Bei ihm aber liest sich die kosmische Existenz der Kometen und Meteore, der fernsten und ältesten Boten aus dem All nicht als Botschaft, nicht als Signal, sondern als Marginalie der Dichtung, gelegentlich auch als Schubkraft des Lebens und widerlegt die Sorge, die

Eroberung der Natur und das immer schnellere Entschlüsseln des Buchs der Natur und seiner Rätsel lasse überhaupt nur das zurück, was es doch eigentlich erklären sollte: den Begriff von Materie, molekularen Partikeln und quantenphysikalischen Feldern, da womöglich das Geheimnis des Lebens unbegriffen bleiben möchte. Diese Beschäftigung macht Dialektiker zu Melancholikern; ratlos und doch allzuviel wissend, spielen sie mit dem Zirkel in ihrer Hand, schon absichtslos, wie nebenbei – Albrecht Dürer hat das einst exemplarisch gezeichnet, denn es ist ja beileibe keine neue Erfahrung, keine moderne, gar postmoderne Erscheinung. Aber wo wir als Leser und Zeitgenossen des Dichters Raoul Schrott, erblindet von der Leuchtkraft der Erkenntnis – da unsere Augen doch eigentlich das Dunkel des Rätselhaften nur ertragen –, im Labyrinth von Ort und Zeit umhertappen, verwandelt er die Natur, diese »kryptographie von materie«[400] mit ihren äonenlangen Zeiträumen, ihren kristallinen Strukturen und unterschiedlichsten Erscheinungen in Dichtung. Wo Dreyer und manche andere wie Stéphane Mallarmé mit seinem *Würfelwurf* oder Thomas Pynchon mit den *Enden der Parabel* oder gar Hermann Broch mit seinen *Schlafwandlern,* um nur einige zu nennen[401], dem Prinzip der Entropie folgen und anwachsende Unordnung und Nicht-Verstehbarkeit ihrer Texte schaffen, macht sich Raoul Schrott gerade das Wissen um dieses Naturgesetz zunehmender Entropie so lange zunutze, wie die sprachlichen Mittel zur Beschreibung des gegenwärtigen Zustand der Erde ausreichen. Er verzichtet deshalb fast ganz auf sprachliche Experimente, die andernorts, wie wir gesehen haben, genau diesen entropischen Zuwachs sichtbar machen.[402]

Entsprechend produziert Schrotts Epos nicht das Nichts oder den Un-Sinn, sondern die Fülle des Daseins in Gestalt der in Dichtung, Erzählung, Fabel eingegangenen Entropie der physikalischen Natur. Indem er Natur in Dichtung verwandelt, erschafft Raoul Schrott mit seinem Epos von der Erde durch Addition der aus dem Unendlichen kommenden Bestandteile das Abbild unserer Realität. Hoch gelobt, vermutlich kaum gelesen, geht es Schrott – aus der Erkenntnis heraus: »wie unendlich weit sind wir davon entfernt extremes zu verstehen«[403] – buchstäblich ums Ganze mit seinem Versuch, die ihm »zugänglichen und einsichtigen Erkenntnisse zu einem Mosaik der Welt vom Urknall bis zum Homo sapiens zusammenzusetzen.«[404] Ein vermessenes Unternehmen, das weiß Schrott natürlich selber, weshalb das Buch *bloß* »das Eigentliche im Uneigentlichen erkennen [will], die Umrisse des Menschen, wie sie von kosmologischen, geologischen, biochemischen und evolutionären Abläufen figuriert werden«.[405] So schreitet er von dem Urzustand, der noch im Werden begriffen, ungeordnet und frei ist, ohne Verwundungen von Menschenhand, über die Unendlichkeit der Zeit bis zum vorbestimmten Ende des Kältetodes der Erde:

»kristall um kristall sich verhakend zu schnee – zu griesel und hagel • pulver und sulz – splitter von eis bis dann nichts anderes mehr ist als die harsche blüte des frostes immer höher und weiter wachsend • gleissend unter der kuppel eines anderen himmels – feines gestöber – metallen im gegenlicht zu hören nur das rauschen und das heulen des windes: hart und fremd«.[406]

Dieser Text ist eine Rückverwandlung der unendlich vielen Absonderlichkeiten/Besonderheiten dieser Welt in Dichtung und Poesie und insofern unterliegt der Text nicht dem Zwang zur grammatikalisch korrekten, linearen, schlüssigen oder wie auch immer sachlich formalisierten Rationalität; er ist frei in dem Maße, wie Literatur und Dichtung sich befreit haben von der *Ordnung der Dinge,* wie Foucault vielleicht sagen würde. Aber da wir uns eben, wir sind jetzt wieder bei Raoul Schrott, »eingestehen [müssen] dass wir nie mehr als nur ein metaphorisches verständnis vom innenleben der natur erlangen werden«[407], kann das Profane der Natur zwar als Wunder begriffen werden und Staunen hervorrufen, muss aber in Literatur verwandelt werden und erklärtermaßen nicht in eine Art oder Unart von Religion. Stattdessen versucht Schrott ein Verfahren, das weniger eine Poetik, aber doch mehr als nur eine Formalie ist, eine Art humane Theogonie[408]:

»ich behaupte nicht dass alles was ich sage einen tieferen sinn ergibt oder eindeutige schnittpunkte – eher kaleidoskopische fragmente splitter • scherben mittels derer wir uns spiegeln • was da aufstiebt an buntem aber – im blick durchs okular – sind einzelne momente symmetrien und muster von denen eines das andere überschreibt keine schöne form keine geschlossene figur: da sind nur figmente selbst das ich ist erst im nachhinein ahnbar • und statt der sprache die uns verbinden könnte stehen worte und bilder in ihrer brache«.[409]

Und so umkreist er kosmische und irdische Dinge, fremdes und eigenes Leben, literarische Quellen und echte Abenteuer, auch solche, die ihn an den Rand existenzieller Gefahren führen[410], stets die Dichtung als Verpackung naturwissenschaftlicher Bedingungen gebrauchend. Über weite Strecken sind eigene Reisen die Grundlage der Erzählung; Raoul Schrott erscheint wie ein moderner Odysseus auf dem Weltenschiff, das ihn von Ort zu Ort, von Kontinent zu Kontinent, von Erfahrung zu Erfahrung bringt, immer auf der Suche nach einer Vernunft ohne Gott.

Sprunghaft durch die Gezeiten eilend, dann wieder im Einzelnen eines Äons verharrend, nimmt die Erde als ein Universum von Beziehungen zwischen Naturgesetzen, physikalischen Objekten und Lebewesen Gestalt an, nüchtern betrachtet: ohne Geheimnis das Ganze. Aber indem der Mensch die Augen öffnet, lässt ihn das, was er sieht, nicht in Ruhe, und er spricht. So wird seine Sprache und Dichtung sinnstiftend – ein ins Gigantisch-Monströse gesteigerter Impuls der literarischen Romantik, der uns bis zum *Heinrich von Ofterdingen* zurückführt, verbunden mit der Frage, welche Wirkung das Gewissen auf das Erkenntnisvermögen hat:

»›Es ist schwer zu sagen, ob wir innerhalb der sinnlichen Schranken unseres Körpers wirklich unsere Welt mit neuen Welten, unsere Sinne mit neuen Sinnen vermehren können, oder ob jeder Zuwachs unserer Erkenntnis, jede neuerworbene Fähigkeit nur zur Ausbildung unseres gegenwärtigen Weltsinns zu rechnen ist‹. ›Vielleicht ist beides eins‹, sagte Heinrich. ›Ich weiß nur soviel, daß für mich die Fabel Gesamtwerkzeug meiner gegenwärtigen Welt ist. Selbst das Gewissen, diese Sinn und Welten erzeugende Macht, dieser Keim aller Persönlichkeit, erscheint mir wie der Geist des Weltgedichts, wie der Zufall der ewigen romantischen Zusammenkunft, des unendlich veränderlichen Gesamtlebens‹«.[411]

Alle Existenz, alles verantwortungsvolle Dasein mithin, ist letztlich durch Dichtung vermitteltes Wissen, und der Dichter ist der Vermittler:

»Auch in ihm redet die höhere Stimme des Weltalls und ruft mit bezaubernden Sprüchen in erfreulichere, bekanntere Welt. Wie sich die Religion zur Tugend verhält, so die Begeisterung zur Fabellehre, und wenn in heiligen Schriften die Geschichten der Offenbarung aufbehalten sind, so bildet in den Fabellehren das Leben einer höheren Welt sich in wunderbar entstandnen Dichtungen auf mannigfache Weise ab. Fabel und Geschichte begleiten sich in den innigsten Beziehungen auf den verschlungensten Pfaden und in den seltsamsten Verkleidungen, und die Bibel und die Fabellehre sind Stern-Bilder eines Umlaufs.«[412]

Wovon also spricht Schrott? Nun, die beste Antwort gibt immer noch Friedrich Nietzsche: »Nur als ästhetisches Phänomen ist das Dasein und die Welt ewig gerechtfertigt«.[413]

Nietzsches Diktum, wiewohl bei ihm vor allem auf das musikalische Erleben bezogen, lässt sich in Hinblick auf unsere Texte auch als Aufforderung verstehen, sie als Chiffre einer durch Wahrnehmung zum Erscheinen gebrachten und als Ereignis manifestierten Wirklichkeit zu lesen – eine Rückverwandlung des erstarrten Alphabets in dynamische Form, ins sinnlich Erlebbare des Daseins. Karl Heinz

Bohrer weist zu Recht darauf hin, dass uns diese Lesart der Kunst als Gebärde – vermittelt durch Derrida und andere französische Literaturtheoretiker – die Welt als Literatur sinnlich zur Erscheinung bringt.[414] Der Verzicht auf rationale Zwangsläufigkeit eines wie auch immer gearteten linearen Erzählens ist Teil jener Freiheit, die Kunst gewährt, unabhängig von Norm und Formenzwang. Wir befinden uns hier erkennbar auf dem Pfad, den vor einigen Jahrzehnten (vielleicht nach der Lektüre der *Ordnung der Dinge* Foucaults und der *Grammatologie* Derridas) Hans Blumenberg mit seiner Darstellung der »Lesbarkeit der Welt« eingeschlagen hat, freilich in einer Art intellektuellen Berserkertums. Mythologiegeschichtlich gesehen war der Berserker durch ein *rückwärtsgewandtes Gesicht* als Gestalt der Unterwelt gekennzeichnet: Und auch bei Blumenberg stoßen gewissermaßen Oberwelt und Unterwelt, Ordnung und Unordnung, Zivilisation und Wildheit, Vernunft und Wahnsinn unmittelbar aneinander – wir stehen am Rande des Chaos. »Keine Erfahrung bewegt sich je in einem Raum völliger Unbestimmtheit, so wenig wie im bloßen linearen Nachvollzug der kausalen Zusammenhänge ihrer Gegenstände«[415], begründet Blumenberg seine ausgreifende Darlegung der Lesbarkeit der Welt. Seine Frage: »Wie bietet sich Wirkliches uns dar?«[416] ist auch erkenntnisleitend für unseren Blick auf diejenigen Versuche, die unter dem Einfluss des weltlichen Wahnsinns den Versuch machen, gleichwohl noch Antworten zu geben, wie sie nur dem Hofnarren unter den Gelehrten oder dem Dichter erlaubt sind: »Man könnte sagen, der Hofnarr war gleichsam die Institutionalisierung der Sprache des Wahnsinns. Ohne Rücksicht auf Moral und Politik und unter dem Schutz der Verantwortungslosigkeit gaben sie in symbolischer Form Wahrheiten kund, die gewöhnliche Menschen nicht äußern konnten«.[417] Es wundert uns nicht, dass wir auf diverse Versuche stoßen, geschichtsphilosophisch diesem Wahnsinn eine Rationalität abzugewinnen, wenn nicht gar ihn philosophisch zu überwinden; schon Herder scheiterte daran: »Wir gehen in einem Labyrinth umher«, schrieb er in seinen *Ideen zur Philosophie der Geschichte der Menschheit*, »in welchem unser Leben nur eine Spanne abschneidet; daher es uns fast gleichgültig sein kann, ob der Irrweg Entwurf und Ausgang habe. Trauriges Schicksal des Menschengeschlechts, das mit allen seinen Bemühungen an Ixions Rad, an Sisyphus' Stein gefesselt und zu einem tantalischen Sehnen verdammt ist. Wir müssen wollen, wir müssen streben, ohne daß wir je die Frucht unsrer Mühe vollendet sähen oder aus der ganzen Geschichte ein Resultat menschlicher Bestrebungen lernten.«[418]

Dies ist womöglich auch der quasi-philosophische Ansatz des holländischen Autors Harry Mulisch, der neben seinem umfangreichen literarischen Werk den Versuch gemacht hat, *De compositie van de wereld [Die Komposition der Welt]*[419] als eine Art Gegenentwurf zu dem Wahnsinn der Welt zu entwerfen. Wohin dieser Wahnsinn führen könnte bzw. woher er kommt, an dem Mulisch im Übrigen literarisch gescheitert ist, lässt sich in seinen *Betrachtungen über einen ungeschriebenen Roman* nachlesen.[420] Bei *De Compositie van de wereld*, an der Mulisch Jahrzehnte gearbeitet hatte, handelt es sich, kurz gesagt, um ein vollständig ausgearbeitetes (pseudo-)philosophisches System auf der Basis der primären Harmonie der Oktave mit einer kühnen Begründung aller Widersprüche zwischen Rationalität und Irrationalität, so der niederländische Autor und zeitweilige Redakteur der Zeitschrift *De Revisor* Piet Meeuse:

»Auf der Grundlage der Oktave, deren achter Ton auf wunderliche Weise mit dem ersten zusammenfällt, baut er eine umfassende Weltformel, die die Struktur und die Entwicklung des Denkens, das Individuum, die Gesellschaft und den Kosmos deutlich macht. Das Ergebnis ist eine faszinierende Mischung aus wissenschaftlichen Erklärungen und philosophischer Spekulation, vor allem über das in ein hermetisches System gepresste Paradox, das, ob plausibel oder nicht, in jeder Hinsicht von einem ungebremsten Ehrgeiz ist«.[421]

Dieses Buch, angesiedelt zwischen philosophischem Traktat und Literatur, gebe Antwort auf die Frage, schreibt Mulisch im Vorwort, ob all das Irrationale so irrational sei, wie die Rationalisten sagen, und umgekehrt, ob das Rationale eigentlich wirklich rational sei. »Dat antwoort luidt ontkennend« – die Antwort lautet nein, so Mulisch klipp und klar. Er behauptet, der Irrationalismus sei keine üble Laune der Natur, sondern eine Notwendigkeit, ganz wie der Rationalismus selbst. Allein die Kunst könne aber das übergreifende Organon sein, in dem der Irrationalismus als Rationalität in Erscheinung tritt – und die gemeinsame Sprache ist die Musik, weshalb sein Versuch eine Art »Geburt der Philosophie aus dem Geiste der Musik« sei.[422] Mit dieser Anspielung auf Nietzsche begibt sich Mulisch auf ein sehr deutsches Pflaster, und indem er vom »organum« spricht, spielt er womöglich dezent auf die Philosophie des deutschen Idealismus an, in der Kunst und Philosophie in einen unmittelbaren Zusammenhang gestellt sind:

»Wenn die ästhetische Anschauung nur die objektiv gewordene transscendentale ist, so versteht sich von selbst, daß die Kunst das einzige wahre und ewige Organon zugleich und Document der Philosophie sey, welches immer und fortwährend aufs neue beurkundet, was die Philosophie äußerlich nicht darstellen kann, nämlich das Bewußtlose im Handeln und Produciren und seine ursprüngliche Identität mit dem Bewußten«, so Schelling.[423]

Erkennt man Harry Mulischs literarische Produktion als den Versuch an, die immanenten Schrecken der Wirklichkeit sinnfällig zu machen, versteht sich dieser Schritt zum Idealismus fast von selbst: »Aus der gemeinen Wirklichkeit gibt es nur zwei Auswege«, postulierte Schelling einst, »die Poesie, welche uns in die idealische Welt versetzt, und die Philosophie, welche die wirkliche Welt ganz vor uns verschwinden läßt«.[424] Der Idealismus freilich ist selber, wie wir wissen, an diesem Erschrecken zerbrochen.[425]

Im Ergebnis bleibt Harry Mulischs ausgreifende, uferlose und allumfassende Philosophie ebenso ein Rätsel wie jene Bücher, die ihre Logik gänzlich über Bord geworfen und dem Zufall die Arbeit überlassen haben. Ob Mulisch nun als Basis des Ganzen »de genetische code« [den genetischen Code][426] oder die Entstehungsbedingungen von Lebewesen als »historische octaviteiten van de wereld« [die historischen Oktavitäten der Welt][427] deutet: Man kann den

Text lesen, verstehen bzw. in die Wirklichkeitswelt übertragen lässt er sich nicht. Gleichwohl kann man aber auch hier nicht von Unvernunft sprechen, man kann Mulischs Philosophie – die ja eher ein Phantasieren mit den Mitteln des Paradoxons von Ratio und Irratio ist – durchaus als den singulären Versuch würdigen, die freien Variablen der Vernunftphilosophien, der Menschheitsgeschichte, der Genetik, der Musik etc. zu einem metaphysischen Monument zu bündeln. Und man sieht: Philosophischer Scharfsinn, logische Betriebsformeln, organisch-genetisch begründete Kodierungen oder Verschlüsselungen können letztlich der reinen Phantasie nicht das Wasser reichen.

Gerade hier setzt in unseren Büchern häufig der Versuch an, die Grenzen der erstarrten Vernunft zu überspringen, gemäß der Beobachtung Arthur Schopenhauers, dass das eigentliche Leben eines Gedankens nur dauere, »bis er an den Gränzpunkt der Worte angelangt ist: da petrificirt er, ist fortan todt, aber unverwüstlich, gleich den versteinerten Thieren und Pflanzen der Vorwelt.«[428] Auf sehr entfernte und dennoch nicht ganz abwegige Weise ist diese Art, ohne Sinn und Verstand – oder, um mit Mulisch zu sprechen, mit dem Irrationalen im Rationalen – nicht lesbare oder nur schwer lesbare Texte zu schreiben, ein Triumph über die Herrschaft der Sprache – ein Triumph über die Herrschaft des Signifikanten und des Zeichens über uns.

Im Falle der Verzweiflung sind ihre Zeugnisse Menetekel, Flammenschriften an der Wand, die nach biblischer Überlieferung (Daniel 5, 1–30) immerhin noch Daniel selbst als Einziger lesen und deuten kann, niemand sonst, nach Heinrich Heines Version aber nur das Entsetzen und die Erfüllung des Schicksals, aber nicht dessen Erklärung offen lassen:

»Und sieh! und sieh! an weißer Wand
Da kams hervor wie Menschenhand;
Und schrieb, und schrieb an weißer Wand
Buchstaben von Feuer, und schrieb und schwand.
Der König stieren Blicks da saß,
Mit schlotternden Knien und totenblaß.
Die Knechtenschar saß kalt durchgraut,
Und saß gar still, gab keinen Laut.
Die Magier kamen, doch keiner verstand
Zu deuten die Flammenschrift an der Wand.
Belsatzar ward aber in selbiger Nacht
Von seinen Knechten umgebracht.«[429]

Die Schrift an der Wand, die niemand entziffern kann, ist das Grundmuster unlesbarer Bücher, ein Rätsel den Anwesenden, ein magischer Wink. Ebenso die Schriften in Spiegelschrift, wie etwa die Ritzungen des Söldners in der Höhle in Dürrenmatts *Winterkrieg in Tibet*[430], negative Höhlengleichnisse und Zeugen der Unterwelt, in der bekanntlich das Zerbrochene erst funktionsfähig wird, oder wie die Spiegelschrift, die erst in der Gegenwelt lesbar ist. In diese verkehrte Welt des Richtigen im Falschen dringen die Texte vor, mal verschämt und unter Vorspiegelung falscher Tatsachen, mal brutal mit allen Mitteln der Kunst. Wir sehen, es gibt radikalere Wege zum Widerspruch als die beredte

Schilderung des Bruchs mit der Welt. In ihnen finden wir gleichwohl ein Grundmuster der Moderne: nämlich einen Ort, an dem das Unaussprechliche dem Unausgesprochenen begegnet. Damit stoßen wir auf ein tiefenpsychologisches und vor allem: philosophisches Szenario mit fließenden Grenzen zwischen Kunst und Wissenschaft.[431] In ihm treffen Proportionalität und Nichtproportionalität aufeinander. Es geht also, mit anderen Worten, um Formen des nichtdiskursiven Wissens. Sie sind eine Folge jener Krise der Repräsentation, die in bildender Kunst ebenso wie in Musik und eben auch in der Literatur zu einer fundamentalen Umkehrung des Anspruchs auf Wahrheit geführt haben. Zwischen Verzweiflung und Lust – und auch einer Befreiung vom Zwang, immer die Wahrheit suchen, sagen und zeigen zu müssen – tummeln sich die Zertrümmerer der heilen Formenwelt. Ihre Domäne ist die Wüste – so hat es Erhart Kästner gesehen und in seinem *Zeltbuch von Tumilat* schon 1949 beschrieben.[432]

So weit greifen wir aus, wenn wir den Versuch machen, diese Literatur in ihrer ganzen Dimension zu würdigen, ihre Oszillation zwischen diesen Sphären zu begreifen und als Tore in das unbekannte Dunkle zu genießen. Dabei wollen wir ja auch lachen – diese Literatur aber dennoch nicht der Lächerlichkeit, diesem »Erbfeind des Erhabenen«[433], preisgeben. »Das Prädikat der Verstehbarkeit«, so noch einmal Blumenberg, »ist zunehmend ästhetisch orientiert und okkupiert«[434] – und daraus ergibt sich, dass unsere Literaten gerade dort, wo sie am weitesten auf eine Ästhetik des Bildes hinausgreifen, eine Verstehbarkeit der Welt insinuieren, die, als einstmals gewesene und verschleppte, als verloren gegangene und entschwundene, nun wieder zurückgewonnen werden soll. Produzieren sie damit Unsinn? Scherzen sie? Wir wissen nicht, was kommt. Alles kann es sein – oder nichts. Das ist ja auch das Wesen des Unsinns – dass niemand in dessen eigenes Wesen hineinschlüpfen kann. Unsinn ist eine schillernde Larve. Gleichwohl halten wir es mit Chesterton, der den Unsinn als bedeutende kreative Kraft in den Himmel hob:

»Wenn Unsinnigkeiten wirklich die Literatur der Zukunft sein sollen, so müssen sie ihre eigene Deutung in der Schöpfung haben; die Welt muß nicht nur das Tragische, Romantische und Religiöse, sie muß auch das Unsinnige sein. [...] Es ist bezeichnend, daß in dem größten religiösen Dichterwerk, dem Buch Hiob, nicht dasjenige Argument auf den Gottlosen wirkt, das die Schöpfung als ein planvoll wollendes Werk darstellt, sondern das im Gegenteil ein Bild von ihrer ungeheuren, rätselhaften Sinnlosigkeit entwirft. ›Hast Du, o Gott, regnen lassen, wo keine Menschen sind?‹ Dieses naive Staunen über die Gestaltung des Lebens und deren namenlose Unabhängigkeit von unsern intellektuellen Voraussetzungen ist ebenso die Grundlage des Spiritualismus, wie es die Grundlage des Unsinns ist.«[435]

Neben dem Hinweis auf die Qualität des reinen oder versteckten Unsinns hilft uns auch das bereits zitierte Großunternehmen der beiden Franzosen Félix Guattari und Gilles Deleuze weiter. Es ist ja der Versuch, unter dem Begriff der *Tausend Plateaus* eine nicht-lineare und im weitesten Sinne a-logische Darstellungs- und Deutungsbasis literarischer

Texte zu finden. Der enge Zusammenhang ihrer Arbeit mit den Vorstellungen des radikalen Konstruktivismus hat unter anderem zur Folge, dass jede Form der Erkenntnis als eine Konstruktion des Beobachters begriffen wird. Unübersehbar nähren sowohl die literarisch-experimentellen als auch die theoretischen Schriften den Verdacht, dass das Spiel unendlich, flexiv, nomadisch und rhizomartig ist. Das Verstehen aber ist linear und mechanistisch, vor allem: diesseitig. Und nicht überraschend ist die Einsicht, dass wir, je tiefer wir in die Geheimnisse der Wirklichkeit und der Natur schauen, desto weniger verstehen: Dem Chaos liegt kein erkennbarer Sinn zugrunde. Und gerade die moderne Naturwissenschaft, die uns mit Quantentheorie, Relativitätstheorie, Neurologie etc. in immer subtilere Gefilde jenseits der Sichtbarkeit geführt hat, stellt uns zugleich unmissverständlich vor Augen, dass wir dort eigentlich zwar alles zu suchen haben, aber nichts Rechtes finden werden. Damit kommen die unlesbaren Bücher der Wahrheit, dass es nämlich nichts zu verstehen gibt, nahe; sie sind Kunstwerke, die mit den Bemühungen um vollständiges Durchdringen, um gänzliches Verstehen spielen und z. T. erfolgreich trotzen – und uns auf lächelnde Weise trösten. Diese Bücher durchbrechen mit ihrem Eigensinn fast jede kollektive Verbindlichkeit, die sonst durch Sprache gesetzt wird. Denn »schon die Sprache«, beginnt Klaus Heinrich seine *Einführung in die Logik*, »verleitet uns mit Recht dazu, zu sagen: das sind, nicht im Sinne von Naturgesetzen, sondern im Sinne von gesetztem Recht, im Sinne von Gesetzen, Formen, die eine bestimmte Intention erfüllen sollen, Formen von einer, vielleicht sehr großen, kollektiven Verbindlichkeit, aber jedenfalls solche, in denen sich ganz bestimmte Erfahrungen der menschlichen Gesellschaft mit den da hineingehörenden Zielsetzungen einerseits tradieren, andererseits auch ständig [...] reflektieren und endlich auch projektieren; denn im Rahmen derartiger Gesetze, Begriffe, scheinbar bloßer Formalien bewegen sich zugleich die Entwürfe der Zukunft«.[436] Deshalb gehört zum Widerspruch des freien Dichters der Wunsch hinzu, frei zu werden von den Gesetzen der Sprache, um erneut frei zu sein im *Haus des Seins*, wie Heidegger die Sprache nennt.[437] Frei möchte er aber auch von dem Transportmittel der Macht sein, den Diskursen, die als »gesellschaftliche Redeweisen verstanden [werden], die institutionalisiert sind, also gewissen [...] Regeln unterliegen und die deshalb Machtwirkungen besitzen, weil und insofern sie Handeln von Menschen bestimmen«.[438] Die Autoren der Texte, die hier in Frage stehen, sind also mit anderen Worten ahnungsvolle Störenfriede der Macht, Sand im Getriebe. Auf ihre eigene Weise lustvoll, närrisch, brutal, verschmitzt, fein ornamentiert oder mechanisch gestanzt unterlaufen diese Texte die Herrschaft des blinden Flecks, indem sie dem Leser die Augen für das Unverständlich-Unverstandene öffnen. Die Leser werden gezwungen, wie Michel de Certeau sagt, »nicht mehr zu glauben, was sie nicht sehen, sondern zu glauben, was sie sehen«.[439]

Epilog

Kehren wir zum Fanklub zurück. Natürlich, seine Mitglieder sind Verzückte und Berückte, oftmals Spezialisten ihres Fachs, zumeist Vielleser und im weitesten Sinne Kenner der Materie. Und sie haben ein feines Sensorium für das Besondere, das im Ungewöhnlichen verborgene Außerordentliche. Ja, dem, was aus der Ordnung fällt, entlocken sie einen Anspruch auf Geltung und Botschaft. In gewisser Weise reagieren alle Mitglieder des Fanklubs, insbesondere die berufsmäßigen Kritiker unter ihnen, auf die Herausforderung der Bücher, indem sie deren Sprung aus der Konformität mit vollziehen. Sie hofieren und veredeln damit jenen Prozess, den Pierre Bourdieu als »symbolische Revolution« versteht[440]. Dabei wollen sie gerade das Gegenteil der »Wortführer der volkstümlichen Entrüstung« sein und sich nicht dazu verleiten lassen, die »symbolische Ordnung« zu verteidigen, sondern treten mit dem Autor aus ihr heraus auf die Seite des »Häresiarchen«.[441] Der nämlich »produziert einen Skandaleffekt, zerbricht eine symbolische Ordnung, die Übereinstimmung zwischen Wahrnehmungsstruktur und Sozialstruktur, die der Erfahrung der sozialen Welt als etwas Selbstverständlichem zugrundeliegt«.[442] Zu erinnern ist an Arno Schmidts Befund, nach dem manche Bücher auch ›gefährliche‹ Bücher sind, »nämlich ‹Racheakte› gegenüber, ebenfalls vergrößerten und meist auch wieder ‹zerlegten› Feinden aller Art, ob Vorgesetzte, Brüder, Frauen, (also wohl ‹Kritiker› allgemein); in gewissem Sinne auch gegen jene unselig=lästigste Mischung, das SICH=SELBST.«[443]

Vielleicht ist aber auch alles ganz anders, als die überwiegend noch analog denkenden Menschen aus den Tiefen des vergangenen Jahrhunderts meinen: Dass eine Sprache bzw. eine Schrift aus hintereinander gereihten Buchstaben besteht und linear gelesen, also geradezu buchstabiert werden müsse. Vielleicht ist ja eine der Konsequenzen unserer Beobachtungen, dass wir gar nicht von schwer oder etwa gar nicht lesbaren Büchern sprechen dürfen, sondern von anders lesbaren Büchern. Schon längst haben sich in Gestalt von Icon, Rebus, Bilderschrift visuell gestaltete Formen zum Alphabet gesellt und es gar hier und dort gänzlich verdrängt. Wo SMS und andere elektronische Kurzmitteilungen eine bereits lexikographisch erschlossene und sich ständig erweiternde Bildsprache hervorgebracht haben, ist das in die Emoji-Schrift übersetzte Buch nicht weit. Wir kennen es schon. Es ist Herman Melvilles *Moby Dick or The White Whale*, das uns so beschrieben wird:

»Emoji Dick is a crowd sourced and crowd funded translation of Herman Melville's *Moby Dick* into Japanese emoticons called emoji. Each of the book's approximately 10,000 sentences has been translated three times by a Amazon Mechanical Turk worker. These results have been voted upon by another set of workers, and the most popular version of each sentence has been selected for inclusion in this book. In total, over eight hundred people spent approximately 3,795,980 seconds working to create this book. Each worker was paid five cents per translation and two cents per vote per translation. The funds to pay the Amazon Turk workers and print the initial run of this book were raised from eighty-three people over the course of thirty days using the funding platform Kickstarter. More information about this project is available at http://www.emojidick.com/«.[444]

Gewiss kann man den Versuch einer kraftvollen und schlüssigen Erklärung für die Produktion von Literatur, die die Leser in Fans und Kopfschüttler spaltet, ins Unendliche treiben – irgendwann wird fast jedes Buch mit einer gewissen Lebensdauer zu einer Unterscheidung von Gläubigen und Ungläubigen führen. Was ich heute mit Genuss und Behagen lese, ist mir morgen ein Rätsel; was mich einst begeisterte, ist heute nur noch eines Schulterzuckens wert. Und doch haben diese Bücher nicht nur ihre verblassenden Spuren hinterlassen, sondern geistern irgendwo als irritierende Kräfte durch Schriften und nachfolgende Texte – die unmöglich große Zahl von Anmerkungen dieses Textes zeigt ja bloß, wie weit gestreut die Hinweise und Querfurchen sind – ein anderer Autor würde andere finden. »Auf leidenschaftliche Geister«, dachte sich Nietzsche, »wirkt der Blick durch das Thor der Wissenschaft wie der Zauber aller Zauber; und vermuthlich werden sie dabei zu Phantasten und im günstigsten Falle zu Dichtern: so heftig ist ihre Begierde nach dem Glück der Erkennenden.«[445]

Machen wir aber zu guter Letzt noch einmal einen wahrhaft großen Schritt zurück, zu Prometheus, der dem Menschen nicht nur das Feuer gebracht hat, sondern auch die Buchstaben, und dafür bitter bestraft wurde. Sein Frevel stieß die Zivilisationsgeschichte der Menschheit an:

»Am Anfang schauten sie zwar, doch schauten sie ins Leere,
sie hörten und vernahmen nicht, wie Traumgestalten
warfen sie das ganze Leben lang
beliebig alles durcheinander;
[...] nein, ganz ohne Einsicht war
ihr Handeln, bis ich sie auf die Aufgänge der Sterne
hinwies und die Untergänge, schwer zu sichten.
Und dann die Zahl, hervorragendsten Wissenskunstgriff,
erfand ich für sie und Zusammensetzungen der Buchstaben,
Erinnerung an alles, als Mutter der Musen wirkend.«[446]

Mit diesem Geschenk, eben nicht Errungenschaft zu nennen, hadern die Dichter bis heute und mit ihnen auch eine Vielzahl von Autoren, mal als Hofnarren, mal als Störenfriede, mal als Spielverderber. Ich glaube, ihre Bücher führen uns dorthin, wo das Rätsel der eigenen Existenz verborgen liegt. Ihr unbändiger Eifer zur Enträtselung begeistert uns in gleichem Maße, wie uns die Gewissheit der Vergeblichkeit ihres Unterfangens beruhigt.

Anmerkungen

1 Erasmus von Rotterdam, Laus Stultitiae. Das Lob der Torheit, dt. von Alfred Hartmann, in: ders., Ausgewählte Schriften, herausgegeben von Werner Welzig, 2. Band, Darmstadt 1975, S. 6–7.

2 Michel Foucault, Wahnsinn und Gesellschaft, in: ders., Schriften in vier Bänden: Dits et Ecrits, herausgegeben von Daniel Defert und François Ewald, Band II 1970–1975, dt. von Reiner Ansén u. a., Frankfurt am Main 2002, S. 157–165, hier S. 161.

3 Friedrich Nietzsche, Morgenröthe, Fünftes Buch, Nr. 451, in: ders., Kritische Studienausgabe (KSA 3), herausgegeben von Giorgio Colli und Mazzino Montinari, München 1988, S. 273.

4 Inger Christensen, Die gemeinsame Unlesbarkeit, in: dies., Teil des Labyrinths, dt. von Hanns Grössel, Münster 1993, S. 45–48, hier S. 45.

5 Vgl. Wikipedia, s. v. Lesen als Beispiel dafür, dass der geübte Leser diesen Satz verstehen kann, obwohl kein Wort richtig geschrieben ist {de.wikipedia.org/wiki/Lesen}, letzter Zugriff 09.09.2018.

6 Emily Colette Wilkinson, »Introducing Difficult Books, A Descriptive List«, in: The Millions, {www.themillions.com/2009/10/introducing-difficult-books-a-descriptive-list.html}, letzter Zugriff 08.09.2018.

7 Zitiert von John Sutherland 2014 in seiner Liste der »10 unfinishable novels« {www.theguardian.com/books/shortcuts/2014/oct/08/my-top-10-unfinishable-novels}, letzter Zugriff 08.09.2018.

8 Garth Risk Hallberg, »Difficult Books: Dhalgren«, in: The Millions, {www.themillions.com/2010/06/difficult-books-

dhalgren-by-samuel-r-delany.html}, letzter Zugriff 12.09. 2018. In Dhalgren, wird Jonathan Lethem öfter zitiert, »perhaps one of the most profound and bestselling science fiction novels of all time, Samuel R. Delany has produced a novel to stand with the best American fiction of the 1970s«, z. B. {www.amazon.de/Dhalgren-Samuel-R-Delany/dp/0375706682}, letzter Zugriff 08.09.2018. Die Originalausgabe erschien 1974, deutsche Ausgabe: Samuel R. Delany, Dhalgren, dt. von Annette von Charpentier, Bergisch Gladbach 1980, vgl. hier S. 83–89.

9 Andrew Gallix, »In theory: the unread and the unreadable« in: The Guardian, Monday 18, February 2013, {www.theguardian.com/books/booksblog/2013/feb/18/unread-unreadable-books}, letzter Zugriff 08.09.2018.

10 Mark Z. Danielewski, Das Haus. House of Leaves von Zampanò, mit einer Einleitung und Anmerkungen von Johnny Truant, dt. von Christa Schuenke unter Mitarbeit von Olaf Schenk, Stuttgart 2007, Schutzumschlag Rückseite; vgl. hier S. 78–83.

11 David Jones, Anathemata, Fragmente eines Schreibversuchs, zweisprachige Ausgabe, dt. von Cordelia Spaemann, Basel 1988; siehe S. 36–41; mit Audens Lobeshymne beginnt auch Cordelia Spaemanns ausführliche und notwendige Einleitung.

12 W. H. Auden, »Adam as a Welshman«, in: New York Review of Books, February 1, 1963, {www.nybooks.com/articles/archives/1963/feb/01/adam-as-awelshman}, letzter Zugriff 08.09.2018.

13 Bemerkung einer Internetrezensentin unter dem Pseudonym sabisteb in: Lovelybooks, vgl. {www.lovelybooks.de/autor/James-Joyce/Ulysses-993977308-w/rezension/9626 44612}, letzter Zugriff 08.09.2018.

14 Kurt Tucholsky, »Ulysses«, in: ders., Gesamtausgabe Band 9, Texte 1927, herausgegeben von Gisela Enzmann-Kraiker,

Ute Maack, Renke Siems, Reinbek bei Hamburg 1998, Nr. 156, S. 597–605, hier S. 597.

15 Tucholsky, »Ulysses«, S. 605.

16 Tucholsky, »Ulysses«, S. 598.

17 »E-Books haben keine Eselsohren«, in: NZZ vom 28.11. 2010, {www.nzz.ch/e-books_haben_keine_eselsohren 1.8495853}, letzter Zugriff 08.09.2018.

18 »E-Books haben keine Eselsohren«.

19 So das Statement eines Lesers namens Caitlin, October 29, 2009, in: The Millions, {www.themillions.com/2009/10/introducing-difficult-books-a-descriptive-list.html} letzter Zugriff 09.09.2018.

20 Max Frisch, Ignoranz als Staatsschutz? Herausgegeben von David Gugerli und Hanns Mangold, Berlin 2015.

21 Michel Foucault, Die Ordnung der Dinge. Eine Archäologie der Humanwissenschaften, dt. von Ulrich Köppen, Frankfurt am Main 1971, S. 121.

22 Friedrich Nietzsche, Götzen-Dämmerung, oder wie man mit dem Hammer philosophiert, in: ders., KSA 6, S. 78.

23 Albrecht Schöne, Dichtung als verborgene Theologie. Versuch einer Exegese von Paul Celans »Einem, der vor der Tür stand« (Göttinger Sudelblätter), Göttingen 2000, S. 11. Nietzsches letzte Texte als eine versteckte bzw. verborgene literarische Erzählung analysiert Heinrich Detering, Der Antichrist und der Gekreuzigte. Nietzsches letzte Texte, Göttingen 2010.

24 Georg Simmel, Das Geheimnis. Eine sozialpsychologische Studie, in: ders., Gesamtausgabe, Band 8, herausgegeben von Alessandro Cavalli und Volkhard Krech, Aufsätze und Abhandlungen 1901–1908, Band II, Frankfurt am Main 1993, S. 317–323, hier S. 317.

25 So unter dem Stichwort Lesen in Wikipedia.

26 Arthur Schopenhauer, »Über Schriftstellerei und Stil«, in: ders., Sämtliche Werke, Sechster Band, Parerga und Para-

lipomena II, nach der 1., von Julius Frauenstädt besorgten Gesamtausgabe, neu bearbeitet und herausgegeben von Arthur Hübscher, Mannheim 1988, § 287, S. 582. Es ist freilich ein Leichtes, sich über Schopenhauers eigene Sätze zu amüsieren. An Mark Twains berühmte Sottise zur deutschen Sprache, in der er den durchschnittlichen Satz einer deutschen Tageszeitung wegen seiner ›Parenthesenkrankheit‹ »eine erhabene, eindrucksvolle Kuriosität« nennt, sei nur peripher erinnert. Vgl. Mark Twain, Die schreckliche deutsche Sprache, in: ders., Bummel durch Deutschland. Mit Bildern von Hans Traxler, dt. von Gustav Adolf Hummel, Frankfurt am Main, Wien und Zürich 2004, S. 229–249, hier S. 234.

27 Johan Huizinga, »Das Spielelement der Kultur«, in: ders., Das Spielelement der Kultur. Spieltheorien nach Johan Huizinga von Georges Bataille, Roger Caillois und Eric Voegelin, herausgegeben von Knut Ebeling, Berlin 2014, S. 18–45, hier S. 30. Vgl. für das Ganze auch Stefan Berg/Hartmut von Sass (Hg.), Spielzüge. Zur Dialektik des Spiels und seinem metaphysischen Mehrwert, Freiburg und München 2014; Ernst Stouhal (Hg.), Agon und Ares. Der Krieg und die Spiele, Frankfurt und New York 2016, S. 18.

28 Huizinga, Spielelement, S. 30.

29 Siehe zu dem Ganzen: Klaus Ferentschik, 'Pataphysik – Versuchung des Geistes. Die 'Pataphysik & das Collège de 'Pataphysique. Definitionen, Dokumente, Illustrationen (Batterien 77), Berlin 2006, S. 9. Hier auch die Liste der Mitglieder und die Zitate.

30 Vgl. Ferentschik, 'Pataphysik, S. 207 ff.

31 Nietzsche, Menschliches, Allzumenschliches, I, in: ders., KSA 2, S. 181.

32 Verschwörungstheorien haben bekanntlich »immer dann besonderen Zulauf, wenn traditionelle Deutungsmuster nicht mehr greifen», so Karl Hepfer, Verschwörungstheo-

rien. Eine philosophische Kritik der Unvernunft, Bielefeld, 2015, S. 17.

33 Hugo von St. Victor, Eruditio didascalia, VII 4 (Opera omnia, ed. Migne, PL CLXXVI 814 – das Zitat lateinisch bei Hans Blumenberg, Die Lesbarkeit der Welt, Frankfurt am Main 1981, S. 52–53, Anm. 40.

34 Hepfer, Verschwörungstheorien, S. 177, Anm. 3.

35 Arthur Schopenhauer, »Die platonische Idee: das Objekt der Kunst«, in: ders., Sämtliche Werke, Band 2: Die Welt als Wille und Vorstellung, Drittes Buch, S. 276.

36 Vgl. Stanisław Lem, Philosophie des Zufalls. Zu einer empirischen Theorie der Literatur, Band I, dt. von Friedrich Griese, Frankfurt am Main 1983, S. 58.

37 Perlentaucher am 6. Januar 2015: »Bora Ćosi, Die Tutoren, Roman. Schöffling und Co. Verlag, Frankfurt am Main 2015. Klappentext: Mit einem Nachwort des Autors. Aus dem Serbischen von Brigitte Döbert. Was für Irland Joyces »Ulysses«, ist für Serbien »Die Tutoren«: ein avantgardistisches, fast unübersetzbares Meisterwerk voller Wortspiele und Stilbrüche, ein experimentelles Labor der Sprache – aber dabei hochkomisch! […] Rezensionsnotiz zu Frankfurter Allgemeine Zeitung, 06.01.2016: Rezensentin Sabine Berking versucht gar nicht erst, den Figuren in Bora Cosics bisher als unübersetzbar geltendem Opus magnum aus den 70ern großartig Bedeutung beizumessen. Der Protagonist ist die Sprache, findet sie schnell heraus. Und was für einer! In Form von wilden, skurrilen Wortkaskaden, Rezepten, Listen, Buchtiteln, Platituden und gereimten Endzeitmonologen begegnet er der überwältigten Rezensentin. Hut ab vor der Übersetzerin Brigitte Döbert, meint sie. Und Vorhang auf für eine polyphone Familiensaga über 150 Jahre europäischer Geschichte, humorvoll, modern, prophetisch! Rezensionsnotiz zu Die Tageszeitung, 26.10. 2015: Mitten in die Sprachhölle des Balkans gerät Doris

Akrap mit diesem Jahrhunderttext von Bora Cosic in der Übersetzung von Brigitte Döbert. Was ihr Autor und Übersetzerin hier zumuten, erscheint Akrap zunächst wie ein endloses Twittergeplapper, trivial und ohne Punkt und Komma, Listen, Namens- und Einkaufslisten, dazu Weisheiten, Buchtitel und »Gequatsche« über Politik, Revolution, Familie, Kunst und Liebe, 800 Seiten lang. Das nervt die Rezensentin, aber es fasziniert und belustigt sie auch. Das Buch jedenfalls kann sie nicht weglegen. Auch wenn sie bei dem Versuch, aus alldem eine Geschichte zu destillieren, scheitert. [...] Rezensionsnotiz zu Neue Zürcher Zeitung, 12.09.2015: Karl-Markus Gauss dankt dem Schöffling Verlag von Herzen, das Wagnis eingegangen zu sein, diesen unbekannten Klassiker des 20. Jahrhunderts von Bora Cosic übersetzen zu lassen. Die Übersetzung von Brigitte Döbert ist laut Gauss nicht nur gelungen, sie eröffnet der Leserin auch ein polymorphes und polyphones Abenteuer sondergleichen, versichert der Rezensent. 150 Jahre Familiengeschichte aus Slawonien, die ohne literaturwissenschaftliche Hilfe eigentlich inkommensurabel sind, wie Gauss einräumt, derart vielfältig sind die Stil- und Sprachebenen, Parodien, Wortspiele, Neologismen, Anspielungen und Verweise und seitenweisen Listen mit mehr oder weniger unwichtigen Dingen wie Warenpreisen, Zeitschriftentiteln oder Sprichwörtern. Als eigentliche Helden (inmitten des tatsächlich zahlreichen Personals) dieses achronologischen, derben, vulgären, anarchischen, rasanten, weitschweifigen Riesenroman[s], in dem Erhabenes und Banales gleichwertig nebeneinanderstehen, macht Gauss Zeit und Sprache aus.« {www.perlentaucher.de/buch/bora-cosic/die-tutoren.html}, letzter Zugriff 09.09.2018.

38 Sabine Baumann (Hg.), Bora Ćosić, Die Tutoren. Der große

Roman Europas. Materialien, Texte, Photos, Frankfurt am Main 2015, S. 7.

39 Baumann, Tutoren, S. 9.

40 Vgl. Gustav René Hocke, Die Welt als Labyrinth. Manierismus in der europäischen Kunst und Literatur, zuerst Reinbek bei Hamburg 1957 und 1959 erschienen. Ich benutze die von Curt Grützmacher durchgesehene und erweiterte einbändige Großoktav-Ausgabe, Reinbek bei Hamburg 1991, S. 272.

41 Oswald Wiener, Wir möchten auch vom Arno-Schmidt-Jahr profitieren, München 1979, S. 26.

42 Jules Romains, in: Harenberg Lexikon der Sprichwörter und Zitate, Dortmund 1997, S. 86 s. v. Autor, S. 86, Sp. 3.

43 Ernst Jandl, »Autor in Gesellschaft« in: ders., Aufsätze und Reden, München 1999, S. 13.

44 Andreas Weigel, »Hans Wollschlägers Herzgewächse« (Memento vom 6. November 2005 im Internet Archive). In: Falter. Stadtzeitung Wien, Nr. 51/52, 1997, Kultur, S. 98.

45 Vgl. Hocke, Labyrinth, S. 299.

46 Matthias Hennig, Das andere Labyrinth. Imaginäre Räume in der Literatur des 20. Jahrhunderts, Paderborn 2015, S. 22. Hinzuweisen ist auch auf Manfred Schmeling, Der labyrinthische Diskurs. Vom Mythos zum Erzählmodell, Frankfurt am Main 1987.

47 Friedrich Dürrenmatt, »Der Winterkrieg in Tibet«, in: ders., Stoffe I–III, Zürich 1981, S. 11–190, hier S. 89.

48 Arno Schmidt, »Kaleidoskopische Kollidier=Eskapaden«, in: ders., Essays und Aufsätze 2 (Bargfelder Ausgabe, Werkgruppe III/4), herausgegeben von der Arno Schmidt Stiftung, Redaktion Bernd Rauschenbach, Bargfeld 1995, S. 115–129, hier S. 117 f.

49 Schmidt, »Kollidier=Eskapaden«, S. 117.

50 Schmidt, »Kollidier=Eskapaden«, S. 118.

51 Heinz von Foerster, »Worte«, in: Weltbilder, Bildmedien. Computergestützte Visionen (Interface 2), herausgegeben

von Klaus Peter Dencker im Auftrag der Kulturbehörde Hamburg, Hamburg 1995, S. 236–246, hier S. 241.

52 Lem, Philosophie des Zufalls, S. 34.

53 Fritz Mauthner, Beiträge zu einer Kritik der Sprache, Dritter Band, Zur Grammatik und Logik, nach der 3. Auflage von 1923, herausgegeben von Ludger Lütkehaus, Wien, Köln, Weimar 1999, S. 201 f.

54 Nietzsche, Morgenröthe, in: ders., KSA 3, Fünftes Buch, Nr. 530, S. 303.

55 Vgl. Diana Marossek, Kommst du Bahnhof oder hast du Auto? Warum wir reden, wie wir neuerdings reden, Berlin und München 2016.

56 Hermann Broch, Huguenau oder Die Sachlichkeit, 1918, in: ders., Die Schlafwandler, Der dritte Roman, München, Zürich 1932, S. 55.

57 Broch, Huguenau, S. 55.

58 Zygmunt Baumann, »Gewalt – modern und postmodern«, in: Modernität und Barbarei. Soziologische Zeitdiagnose am Ende des 20. Jahrhunderts, herausgegeben von Max Miller und Hans-Georg Soeffner, Frankfurt am Main 1996, S. 36–67, hier S. 38.

59 Wie umfassend und nachhaltig das Fernsehen auch die Literaturproduktion beeinflusst und verändert hat, beschreibt David Foster Wallace ausführlich und oft, vgl. Wallace, »E Unibus Pluram: Fernsehen und Literatur in den USA«, in: ders., Der Spaß an der Sache, herausgegeben von Ulrich Blumenbach, dt. von Ulrich Blumenbach und Marcus Ingendaay, Köln 2018, S. 231–300.

60 Gernot Böhme, Atmosphäre. Essays zur neueren Ästhetik, Frankfurt am Main 1995.

61 Franz Kafka, Das Schloß, herausgegeben von Max Brod, S. Fischer Verlag als Lizenz von Schocken Books, New York 1967, S. 5.

62 Kafka, Das Schloß, S. 18.

63 Michel Foucault, Die Heterotopien. Der utopische Körper, Zwei Radiovorträge, zweisprachige Ausgabe, dt. von Michael Bischoff, Frankfurt am Main 2005, S. 9.

64 Nietzsche, Nachgelassene Fragmente 1882–1884, in: ders., KSA 10, Sommer 1883, Nr. 13, S. 459.

65 Friedrich Hegel, Enzyklopädie der philosophischen Wissenschaften im Grundrisse (1830), in: ders., Hauptwerke in sechs Bänden, Band 6, Hamburg 1999, § 81, S. 119.

66 Marshall McLuhan, The Gutenberg Galaxy. The Making of Typographic Man, Toronto 1992, S. 253; vgl. auch Frank Hartmann, Cyber.Philosophy. Medientheoretische Auslotungen, Wien 1996, bes. »Die Entwicklung der Medienwelten«, S. 111–124.

67 Arno Holz, »Selbstanzeige«, in: Die Zukunft, Band 23, 30.04. 1898, S. 210–219.

68 Helmut Heißenbüttel, »Vater Arno Holz«, in: ders., Über Literatur, Olten 1966, S. 36.

69 Vgl. Arno Holz, Phantasus. Faksimiledruck der Erstfassung, herausgegeben von Gerhard Schulz, Stuttgart 1968, Nachwort, S. 129–155.

70 Helmut Heißenbüttel, Materialität der Sprache. Über einen Brief Flauberts, in: ders., Zur Tradition der Moderne. Aufsätze und Anmerkungen 1964–1971, Neuwied und Berlin 1972, S. 70–79, hier S. 76.

71 Arno Holz, Phantasus, Leipzig 1916, S. 7; mit diesen Zeilen begann das zweite Heft 1899. Der hier zitierte Text ist typografisch aus technischen Gründen nicht mit dem Original identisch.

72 Arno Holz, Briefe, herausgegeben von Anita Holz und Max Wagner, München 1948, S. 127.

73 Holz, Briefe, S. 127.

74 Benjamin Hederich, Gründliches mythologisches Lexikon, Darmstadt 1967, s. v. Phantasvs, Sp. 1969.

75 Holz, Phantasus, S. 82 f.

76 Holz, Phantasus, S. 265.
77 Jones, Anathemata, ohne Paginierung (S. 42).
78 Jones, Anathemata, »Vorwort des Autors«, S. 33.
79 Ich verzichte auf nähere Ausführungen dieses enorm weiten Gebietes und verweise bloß auf Friedrich Ohly, Vom geistigen Sinn des Wortes im Mittelalter, Darmstadt 1966.
80 Darf man »of the pool« vergleichen mit dem *du lac* aus dem Lanzelot-Roman? Im Frühneuhochdeutschen Prosa-Lanzelot-Roman ist die *Frau vom See* Beiname von Lanzelots Pflegemutter und hinsichtlich der christlichen Ritterschaft seine Lehrmeisterin. Man hätte dann hier neben der lokalen Bestimmung eines Ortes nahe London eine historische Bestimmung in Hinblick auf die Artus-Zyklen.
81 Zur Deutung u. a.: Neil Corcoran, The Song of Deed: A Study on The ›Anathemata‹ of David Jones, Cardiff 1982; Elizabeth Ward, David Jones: Mythmaker, Manchester 1983.
82 Jones, Anathemata, S. 55. Die Übersetzung stammt durchweg von Cordelia Spaemann.
83 Jones, Anathemata, S. 60.
84 Jones, Anathemata, S. 62.
85 Jones, Anathemata, S. 89 f., mit der Anmerkung S. 90: Geheime Offenbarung Joh. 13,16–18.
86 Zum Motiv vgl. Frank Josef Worstbrock, »›Translatio artium‹«. Über die Herkunft und Entwicklung einer kulturhistorischen Theorie«, in: Archiv für Kulturgeschichte 47, Heft 1 (1965), 1–22.
87 Jones, Anathemata, S. 98 f.
88 Jones, Anathemata, S. 121.
89 Vgl. zum Motiv: Manfred Frank, Die unendliche Fahrt. Zur Pathogenese der Moderne, Paderborn 2016.
90 Durs Grünbein, »Der Tod des Vergil«, FAZ vom 4.4.2009, {www.gbv.de/dms/faz-rez/FD1200904042175965.pdf}, letzter Zugriff 09.09.2018.

91 Vgl. Hermann Broch, Briefe 1 1913–1938, herausgegeben von Paul Michael Lützeler, Kommentierte Werkausgabe Band 13/1-3, Frankfurt am Main 1981, S. 151 f.

92 Broch, Briefe 1, S. 151.

93 Broch, Briefe 1, S. 306.

94 Hannah Arendt, »Dichter wider Willen«, in: Hermann Broch, Dichten und Erkennen, Essays, Band I, herausgegeben und eingeleitet von Hannah Arendt, Zürich 1955, S. 5 ff.

95 Brief von Albert Einstein an Hermann Broch, ohne Datum, zitiert nach Hermann Broch, Briefe 3 1945–1951, S. 18 f.

96 Mehrfach bezeugt, z. B. Manfred Durzak in der ZEIT vom 3. Juni 1966, siehe {www.zeit.de/1966/23/hermann-broch-und-amerika/komplettansicht}, letzter Zugriff 09.09.2018.

97 Hermann Broch, Der Tod des Vergil, (Zürich) 1947; ich zitiere nach der Ausgabe München 1956, S. 9.

98 Broch, Tod des Vergil, S. 466 f.

99 Broch, Tod des Vergil, S. 429.

100 Broch, Tod des Vergil, S. 38.

101 Vgl. Broch, Tod des Vergil, z. B. S. 114–123: eine atemberaubende Abhandlung über die Schönheit des irdischen Seins.

102 Vgl. {www.merkur.de/multimedia/wikipedia-artikel-in-buch-form-344699.html}, letzter Zugriff 14.09.2018.

103 Raymond Queneau, Hunderttausend Milliarden Gedichte, dt. von Ludwig Harig, Frankfurt am Main 1984, o. S.

104 Umberto Eco, Die geheimnisvolle Flamme der Königin Loana. Illustrierter Roman, dt. von Burkhart Kroeber, München 2004.

105 Eco, Flamme, S. 462.

106 Eco, Flamme, S. 462.

107 Friedrich Nietzsche, Die fröhliche Wissenschaft, Erstes Buch, in: KSA 3, Nr. 54, S. 417.

108 Nietzsche, Fröhliche Wissenschaft, S. 417.

109 Francesco Colonna, Hypnerotomachia Poliphili, dt. von Thomas Reiser, Interlinearkommentarfassung (Theon Ly-

kos, Quellen zu Architektur und Geist der Antike und Renaissance), Breitenbrunn 2014; die Seitengaben erscheinen in den Zitaten ([lat. Fassung]/übersetzte Fassung).

110 Umberto Eco, Apokalyptiker und Integrierte. Zur kritischen Kritik der Massenkultur, dt. von Max Looser, Frankfurt am Main 1984, S. 9.

111 Vgl. Wolfgang Harms, Gilbert Heß und Dietmar Peil, in Verbindung mit Jürgen Donien (Hg.), SinnBilderWelten. Emblematische Medien in der Frühen Neuzeit, Katalog der Ausstellung in der Bayerischen Staatsbibliothek München 11.8.–1.10.1999, München 1999, Nr. 3.

112 Umberto Eco, »Die Versuchung der Schrift«, in: Über Spiegel und andere Phänomene, dt. von Burkhart Kroeber, München, Wien 1988, S. 97–103, hier S. 99.

113 Friedrich Schlegel, Philosophische Vorlesungen insbesondere über Philosophie der Sprache und des Wortes, in: ders. Philosophie des Lebens, herausgegeben und eingeleitet von Ernst Behler (Kritische Friedrich-Schlegel Ausgabe, herausgegeben von Ernst Behler unter Mitwirkung von Jean-Jacques Anstett und Hans Eichner, Zehnter Band), München, Paderborn, Wien 1969, S. 309–534, hier Dritte Vorlesung, S. 371.

114 Vgl. dazu noch immer grundlegend: Albrecht Schöne, Emblematik und Drama im Zeitalter des Barock, München 1993, S. 35–37 und Ludwig Volkmann, Bilderschriften der Renaissance. Hieroglyphik und Emblematik in ihren Beziehungen und Fortwirkungen, Leipzig 1923, Nachdruck Nieuwkoop 1969.

115 Theodor W. Adorno, Ästhetische Theorie, herausgegeben von Gretel Adorno und Rolf Tiedemann, in: ders., Gesammelte Schriften, herausgegeben von Rolf Tiedemann, Frankfurt am Main 1970, Band 7, S. 182. Zur Hermetik vgl. Ulrike Seegers, Transformatio energetica. Hermetische Kunst im 20. Jahrhundert. Von der Repräsentation zur

Gegenwart der Hermetik im Werk von Antonin Artaud, Yves Klein und Sigmar Polke, Phil. Diss. Münster/Westf. 2002, Stuttgart 2003, {elib.uni-stuttgart.de/opus/volltexte/2003/1284/pdf./seegers.pdf}, letzter Zugriff 08.09.2018.

116 Umberto Eco, »Das Irrationale gestern und heute«, in: ders., Über Spiegel, S. 14 f.

117 Eco, »Das Irrationale«, S. 14.

118 Hinzuweisen ist hier auf eines der merkwürdigsten Bücher in frühen Neuzeit Italiens: 1527 veröffentlichte Teofilo Folengo unter dem Pseudonym Limerno Pitocco das allegorisch-philosophische Lehrgedicht »Il caos di Triperuno«. In diesem Roman spricht der Protagonist »Triperuno« (»drei für einen«) in drei Personen geteilt makkaronisches Latein, klassisches Latein und die italienische Volkssprache und besteht eine parodistisch an Dante anknüpfende Initiationsreise durch drei »Wälder«, bis er zuletzt in der Begegnung mit Christus vom »Chaos« seiner Laster und Irrtümer erlöst wird. Für dieses »makkaronische« Sprachgemisch lässt sich leider keine deutsche Übersetzung finden.

119 Colonna, Hypnerotomachia, S. [1]/1.

120 Colonna, Hypnerotomachia, S. [2]/3.

121 Colonna, Hypnerotomachia, S. [8]/9.

122 Vgl. ausführlich die Darstellung in: Wikipedia, s. v. Psychomachia {de.wikipedia.org/wiki/Psychomachia}.

123 In der Widmungselegie heißt es, der Leser lese von »Polia, welcher Gestalt sie ist«, vgl. S. [4]/7.

124 Colonna, Hypnerotomachia, S. [12]/22.

125 Vgl. Colonna, Hypnerotomachia, Einleitung, S. iii.

126 Colonna, Hypnerotomachia, S. [121]/176.

127 Gelegentlich mit starkem Bezug auf die Rosenkreuzer; vgl. {de.wikipedia.org/wiki/Thelema}, letzter Zugriff 09.09.2018.

128 Colonna, Hypnerotomachia, S. [140]/203. Nur am Rande sei vermerkt, dass kurz zuvor die Personifikation der Ver-

nunft darauf hingewiesen hat, dass die schönen weiblichen Wesen bloß »erheuchelte« Schönheit besäßen, denn »sofern Du sie nämlich von der Rückseite schauen wolltest, begriffest Du womöglich, Dich ekelnd, wieviel Schamlosigkeit darunter liegt [...]«, S. [138]/200 – ein Verweis auf die *Frau Welt*, deren Vorderseite schön und verführerisch, deren Rückenansicht aber unansehnlich, oft von Schlangen besetzt und grässlich ist – vgl. dazu u. a. Wolfgang Stammler, Frau Welt. Eine mittelalterliche Allegorie, Freiburg in der Schweiz 1959.

129 Colonna, Hypnerotomachia, S. [139]/202. Wer Lust hat, könnte hier einmal die Brücke zur »holden Ruhe« in der *Zauberflöte* und zum »Verweile doch [...]« im Goetheschen *Faust* etc. schlagen.

130 Colonna, Hypnerotomachia, S. [386]/555.

131 Colonna, Hypnerotomachia, S. [386]/556.

132 Hier ist wohl an eine Anspielung an die Pest der Jahre um 1464 in Treviso zu denken.

133 Colonna, Hypnerotomachia, S. [387]/557.

134 Der Traum gebiert die Schrecken oder Freuden, je nachdem: Es sei daran erinnert, dass die Novelle *Venus im Pelz* von Leopold von Sacher-Masoch (1870) aus dem Traum heraus ihren erzählerischen Impuls erhält. Und auch de Sades Welten sind ja exklusive Orte: Kerker, Schlösser, verborgene Räume, d. h. es sind Räume außerhalb der Realität, nur Eingeweihten oder Träumenden zugänglich. Es ist die dunkle Kammer überall – Blaubarts Reich.

135 Colonna, Hypnerotomachia, S. [406]/583.

136 Man mag sich fragen, ob dieser Roman, bei aller ins Enzyklopädische gehenden Ge- und Belehrsamkeit, nicht doch auch eine Kritik an einer allzu ausschweifenden, womöglich hinter einer humanistischen Fassade wuchernden Lebensweise enthält.

137 Eco, Flamme, S. 278.

138 Eco, Flamme, S. 462.

139 Eco, Flamme, S. 459 f.

140 »Ich ist ein anderer«, lautete Rimbauds berühmte Formel, mit der er seine Sehnsucht nach kompletter Entgrenzung unterstrich.

141 Eco, Flamme, S. 460 f.

142 Eco, Flamme, S. 7.

143 Der ganze Abschnitt heißt: »Wo die Welt zum Bilde wird, ist das Seiende im Ganzen angesetzt als jenes, worauf der Mensch sich einrichtet, was er deshalb entsprechend vor sich bringen und vor sich haben und somit in einem entschiedenen Sinne vor sich stellen will. [...] Daß die Welt zum Bild wird, ist ein und derselbe Vorgang mit dem, daß der Mensch innerhalb des Seienden zum Subjectum wird. [...] Der Grundvorgang der Neuzeit ist die Eroberung der Welt als Bild.« Siehe Martin Heidegger, »Die Zeit des Weltbildes«, in: ders., Holzwege, Frankfurt am Main 1980, S. 87.

144 Eco, Flamme, S. 242.

145 Eco, Flamme, S. 403.

146 Eco, Flamme, S. 410.

147 Eco, Flamme, S. 463.

148 New York Times über Delanys Roman *Dhalgren*, zitiert auf der Rückseite des Titels, zu *Dhalgren* siehe hier S. 83 ff.

149 Georges Perec, Das Leben. Gebrauchsanweisung, dt. von Eugen Helmlé, Frankfurt am Main 1982.

150 Georges Perec, Das Mietshaus. Romanentwurf, in: Träume von Räumen, dt. von Eugen Helmlé, Bremen 1990, S. 52– 58, hier S. 52.

151 Perec, Mietshaus, S. 52.

152 Thomas Hettche, Jana Hensel (Hg.), Null. Literatur im Netz, Druckversion: Köln 2000.

153 Vgl. {maker.uvic.ca/scissors/}, letzter Zugriff 09.09.2018.

154 Hettche, Hensel, Null, S. 12.

155 Paul Wühr, Gegenmünchen, München 1970.
156 Heinz von Foerster, Worte, S. 242.
157 Paul Wühr, Der faule Strick, München 1987.
158 Wühr, Der faule Strick, S. 119.
159 Wühr, Der faule Strick, S. 11.
160 Wühr, Der faule Strick, S. 120.
161 Wühr, Der faule Strick, S. 120.
162 Wühr, Der faule Strick, S. 119.
163 Vgl. {paulenelson.com/organic-poetry/spiritual-legacy-of-the-beat-generation/}, letzter Zugriff 09.09.2018.
164 Wühr, Der faule Strick, S. 195.
165 Wühr, Der faule Strick, S. 60.
166 Wühr, Der faule Strick, S. 179.
167 Wühr, Der faule Strick, S. 10.
168 Gilles Deleuze, Félix Guattari, Tausend Plateaus. Kapitalismus und Schizophrenie, herausgegeben von Günther Rösch, dt. von Gabriele Ricke und Ronald Voullié, Berlin 1992, S. 17.
169 Richard Kämmerlings, »Alle Warnungen sind zwecklos – was wir suchen, ist Sinn. Im Zentrum des Labyrinths wartet auf jeden Leser das eigene Ungeheuer: Mark Z. Danielewskis unheimliches Romangebäude«, in: FAZ 10.10.2007, S. 11.
170 Danielewski, Das Haus, S. xix.
171 Alison Gibbons, »A Visual & Textual Labyrinth: The Eyes' Dilemma – Mark Z. Danielewski's House of Leaves«, in: University of Sheffield (Hg.), Route 57, Nr. 1, 2006 {www.route57.group.shef.ac.uk/issue01/non-fiction-09-visual-textual.html}, letzter Zugriff 10.09.2018.
172 »Beobachtung beeinflusst Wirklichkeit«, in: Tal Eizman Publications and Media Relations Department,Weizmann Institut, vgl. {www.idw-online.de/de/news391}, letzter Zugriff 26.09.2018.
173 David Foster Wallace, Unendlicher Spaß, dt. von Ulrich Blumenbach, Köln 2009.
174 Richard Kämmerlings, »Medusa in der Selbsthilfegruppe«, in:

FAZ vom 22. August 2009 {www.faz.net/aktuell/feuilleton/buecher/rezensionen/belletristik/david-foster-wallace-unendlicher-spass-medusa-in-der-selbsthilfegruppe-1842147.html?printPagedArticle=true#pageIndex_0}, letzter Zugriff 10.09.2018.

175 Nietzsche, »Die christliche Rache«, in: Morgenröthe, Erstes Buch, Nr. 71, in: ders., KSA 3, S. 69.

176 Rolf Dieter Brinkmann, Rom, Blicke, Reinbek bei Hamburg 1979, S. 14 f.

177 Man erinnere sich an Umberto Ecos Illustrierten-Roman – siehe oben S. 50 ff.

178 Sam Andersen, »Sage of the Apocalypse«, in: New York Magazine, 28. März 2010, {nymag.com/arts/books/features/65111/}, letzter Zugriff 10.09.2018.

179 Barthold Heinrich Brockes, »Die lehrenden Ruinen«, in: Irdisches Vergnügen in Gott. Dritter und Vierter Teil, herausgegeben und kommentiert von Jürgen Rathje, Göttingen 2014, S. 347.

180 Delany, Dhalgren, S. 14.

181 Delany, Dhalgren, S. 22.

182 Delany, Dhalgren, S. 969.

183 Garth Risk Hallberg, in: The Millions, {themillions.com/2010/06/difficult-books-dhalgren-by-samuel-r-delany.html}, letzter Zugriff 08.09.2018.

184 Delany, Dahlgren, S. 331.

185 David Foster Wallace, »Das leere Plenum: David Marksons *Wittgensteins Mätresse*«, in: ders., Der Spaß an der Sache, S. 188–221, hier S. 195.

186 Delany, Dhalgren, S. 371.

187 Vgl. z. B. Delany, Dhalgren, S. 791 f.

188 Delany, Dhalgren, S. 368.

189 Delany, Dhalgren, S. 461.

190 Ernst Augustin, Raumlicht. Der Fall Eveline B., Frankfurt am Main 1976, S. 265 f.

191 Augustin, Raumlicht, S. 265.

192 Ernst Augustin, Der amerikanische Traum, Frankfurt am Main 1989, S. 224, eine immer wiederkehrende Metapher.

193 Augustin, Raumlicht, S. 181.

194 Ernst Augustin, Der Kopf, München 1962, »Die Fabel«, S. 4.

195 Augustin, Raumlicht, S. 263.

196 Augustin, Raumlicht, S. 264.

197 Hans Magnus Enzensberger, »Ernst Augustin ›Der Kopf‹«, in: Der Spiegel, 04.04.1962, {www.spiegel.de/spiegel/print/d-45139613.html}, letzter Zugriff 10.09.2018.

198 Augustin, Der amerikanische Traum, S. 224.

199 Ernst Augustin, Eastend, Frankfurt am Main 1982.

200 Gilles Deleuze, Félix Guattari, Anti-Ödipus. Kapitalismus und Schizophrenie I, dt. von Bernd Schwibs, Frankfurt am Main 1974, S. 169.

201 Augustin, Raumlicht, S. 204.

202 Deleuze, Guattari, Anti-Ödipus, S. 172.

203 Augustin, Eastend, S. 190.

204 Deleuze, Guattari, Anti-Ödipus, S. 168 f.

205 Pier Paolo Pasolini, Petrolio, dt. von Moshe Kahn, Berlin 1994.

206 Pasolini, Petrolio, S. 191.

207 So die Charakterisierung des Wagenbach-Verlages, in dem die deutsche Fassung 1994 herauskam.

208 Pasolini, Petrolio, S. 220.

209 Katharina Rutschky, »Schmutzige Sünden«, in: DIE ZEIT, 20. Mai 1994, {www.zeit.de/1994/21/schmutzige-suendden/komplettansicht/}, letzter Zugriff 10.09.2018.

210 Einige dieser »Anmerkungen« beschäftigen sich, kaum verschlüsselt, mit dem Tod des Vorsitzenden des ehemals staatlichen Erdölunternehmens ENI, Enrico Mattei. Pasolini nennt ihn in »Anmerkung 22« Ernesto Bonocore. Mattei war einer der angesehensten Industriellen im Nachkriegsitalien. Als 1962 sein Privatjet in der Luft explodierte, wurde der

Vorfall unverhältnismäßig schnell als Unfall abgetan. Erst vor wenigen Jahren konnte nachgewiesen werden, dass Mattei einem Anschlag zum Opfer gefallen war. Die Hintergründe des Attentats wurden jedoch bis heute nicht geklärt. Im Roman skizziert Pasolini die enge Verflechtung der norditalienischen Großindustrie mit der christdemokratischen Partei und beschreibt insbesondere die Geschäftsverbindungen von Matteis Nachfolger Eugenio Cefis als »das sogenannte Imperium des Aldo Troya«. Von »Anmerkung 21« ist nur ein Blatt erhalten. Es trägt die Überschrift »Blitzartige Beleuchtung der ENI«. Schon immer gab es die Vermutung, dieses verschollene Kapitel enthalte Hinweise auf die politisch Verantwortlichen für den Tod von Mattei, denn in der anschließenden »Anmerkung 20–30« zeichnete Pasolini ein Diagramm der wichtigsten italienischen Machtblöcke und beschriftete sie mit Klarnamen. Der Name des neuen ENI-Chefs, Eugenio Cefis, steht neben den Namen hochrangiger Politiker. So nennt Pasolini den langjährigen Ministerpräsidenten Giulio Andreotti. Gleichzeitig gab es immer auch Zweifel, ob von der ominösen »Anmerkung 21« wirklich je mehr als diese einzelne Seite existierte.

211 Pasolini, Petrolio, S. 85.

212 Pasolini, Petrolio, S. 101.

213 Pasolini, Petrolio, S. 224.

214 Pasolini, Petrolio, S. 224.

215 Pasolini, Petrolio, S. 300.

216 Pasolini, Petrolio, S. 229.

217 Kann man bekanntlich alles nachlesen, kurz und bündig jetzt z. B. Volkmar Sigusch, Das Sex-ABC. Notizen eines Sexualforschers, Frankfurt am Main 2016.

218 Pasolini, Petrolio, S. 202.

219 Vgl. Pierre Bourdieu, Die feinen Unterschiede. Kritik der gesellschaftlichen Urteilskraft, dt. von Bernd Schwibs und Achim Russer, Frankfurt am Main 1982, S. 278.

220 Pasolini, Petrolio, S. 207.

221 Pier Paolo Pasolini, »Völkermord«, in: Freibeuterschriften, o. O. (Berlin) 1979, 39–43, hier S. 40.

222 Pasolini, Petrolio, Anmerkung 71 [Vision] bis Anmerkung 74a [Glosse], S. 396–478.

223 Das Faustische geht bis in die Goethe-Reminiszenz: »Ich mußte den Schlimmsten gebrauchen«, spricht Gott zum Intellektuellen, »um ihn zum Besten werden zu lassen« (Pasolini, Petrolio, S. 169) – vgl. Goethe, Faust, Studierzimmer. Mephisto stellt sich vor als ein Teil jener Kraft, »Die stets das Böse will und stets das Gute schafft«.

224 Pasolini, Petrolio, S. 167.

225 Pasolini, Petrolio, S. 63 f.

226 Pasolini, Petrolio, S. 648.

227 Pasolini, Petrolio, S. 649.

228 Pier Paolo Pasolini, »Einer, der von der Kritik herkommt«: Pasolini über Pasolini, zuerst in L'Illustrazione Italiana, Jan. 1962, in: ders., Literatur und Leidenschaft. Über Bücher und Autoren, Berlin 1989, S. 9–11, hier S. 9.

229 Herbert Marcuse, Repressive Toleranz, in: Kritik der reinen Toleranz, Frankfurt am Main 1966.

230 Vgl. Jürgen Habermas, Kleine politische Schriften I–IV, Frankfurt am Main 1981, S. 444 ff., und ders., Die Moderne – Ein unvollendetes Projekt. Philosophisch-politische Aufsätze, Leipzig 1990.

231 Das ist wohl ein Topos; man erinnere sich daran, dass Frankensteins Monster in einem ledernen Koffer u. a. Goethes *Leiden des jungen Werthers* findet, ein Buch, das ihn sehr beeindruckt, wenn er es auch nicht recht versteht; vgl. Mary Shelley, Frankenstein oder Der moderne Prometheus, Frankfurt am Main 1988, Kap. 15, S. 171.

232 Vgl. {de.wikipedia.org/wiki/Wiktor_Borissowitsch_Schklowski}, letzter Zugriff 10.09.2018.

233 Vgl. die Notiz bzw. Anweisung S. 304: »Carlo kommt wie

in einem [...] halluzinatorischen Zustand nach Hause, und er glaubt, daß sich hinter der Stadt Blumengärten, Obstgärten usw. befinden. Fast wörtlich Aljoschas Weg ›hinter die Stadt‹ in den *Brüdern Karamasow* zitieren: statt seinem Bruder Dimitri zu begegnen, begegnet er einem Engel [...].«

234 Vgl. {de.wikipedia.org/wiki/Wladimir_Jakowlewitsch_Propp}, letzter Zugriff 10.09.2018.

235 Vgl. Daniel Paul Schreber, Denkwürdigkeiten eines Nervenkranken (Bibliothek der Psychoanalyse), herausgegeben von Gerhard Busse, Gießen 2004. Vgl. auch {www.whagen.de/publications/RadioSchreber/radioschreber.htm}, letzter Zugriff 10.09.2018.

236 Vgl. Giuseppe Gioachino Belli, Die Wahrheit packt dich ..., dt. von Otto Ernst Rock, zweisprachige Ausgabe, München 1978. Belli war ein römischer Dichter und Papstbeamter (1791–1863). Seine Sonette sind scharfe Pfeile gegen den Papst, den Klerus, den Verfall der Sitten und ein Denkmal der Plebs von Rom und ihrer Sprache, das Romanesco, jener Sprache, die in Trastevere z. T. noch heute gesprochen wird. Belli war Mitbegründer und später Präsident der literarischen Akademie Tiberiana, Übersetzer und Verfasser konventioneller Gedichte. Zudem war er päpstlicher Zensurbeamter, keine sehr erfreuliche Existenz womöglich. Andererseits aber schrieb er unter den Augen von vier Päpsten in den zwanzig Jahren zwischen 1829 bis 1849 heimlich genau 2279 Sonette, von denen er freilich zu Lebzeiten bloß ein einziges veröffentlichte. Aber diese heimlichen Sonette – sie waren ein Phänomen schon damals und eine vielstimmige Kritik an Rom, seinerzeit Zentrum des Kirchenstaates, des korruptesten und rückständigsten Territoriums auf italienischem Boden, einer Stadt, in der Meuchelmord und Totschlag, Straßenüberfälle und Taschendiebstähle an der Tagesordnung waren. All dies ist in den Sonetten beschrieben – witzig und traurig, scharfzüngig und poetisch.

237 Pasolini, Petrolio, S. 113 f.
238 Pasolini, Petrolio, S. 477.
239 Pasolini, Petrolio, S. 125 f.
240 Pasolini, Petrolio, S. 145.
241 Das ist in der Musik offenbar anders, vgl. z. B. Ludger Lütkehaus, Stille, Schweigen, Musik, Marburg an der Lahn 2015, mit vielerlei Hinweisen auf Kompositionen der Stille und des akustischen Nichts, z. B. John Cages »4'33«.
242 Zum Zusammenhang von Chaostheorie und Stottern vgl. Rainer Höger, »Chaos-Forschung und ihre Perspektiven für die Psychologie«, in: Psychologische Rundschau, 43. Jg., Heft 4, Göttingen 1992, S. 223 ff.
243 Jean-Jacques Rousseau: Emil oder Über die Erziehung. Band 1, Leipzig o. J., dt. von Hermann Dehnhardt, vollständige Neuausgabe Berlin 2015, S. 50.
244 Michel Foucault, Die Ordnung der Dinge, und Jacques Derrida, Grammatologie, dt. von Hans-Jörg Rheinberger und Hanns Zischler, Frankfurt am Main 1983.
245 Friedrich Schlegel, »Philosophie der Sprache und des Wortes, Dritte Vorlesung«, Kritische Friedrich-Schlegel-Ausgabe, München, Paderborn, Wien 1969, Band X, S. 359 f.
246 Schlegel, Philosophie der Sprache, S. 362.
247 Für alle, die dieser Sprache (noch) nicht mächtig sind: Oh My God.
248 Jean Paul, Vorschule der Ästhetik, in: ders., Sämtliche Werke, Abt. I, Band 5, herausgegeben von Norbert Miller, München 1973, S. 424.
249 Johann Gottfried Herder, Ideen zur Philosophie der Geschichte der Menschheit, Band 1, Leipzig 1841, S. 246.
250 So bekanntlich der Titel des Essays von Theodor Lessing; zuerst München 1918.
251 Hugo Ball, Die Flucht aus der Zeit, herausgegeben von Bernhard Echte, Zürich 1992, S. 105.

252 Deleuze/Guattari, Tausend Plateaus, S. 137.

253 Gottfried Willems, »Ästhetische Thaumaturgie. Die Geburt der Literatur aus der Alltagskommunikation«, in: Joachim Bromand, Guido Kreis (Hg.), Was sich nicht sagen lässt. Das Nicht-Begriffliche in Wissenschaft, Kunst und Religion (Festschrift für Wolfram Hogrebe), Berlin 2010, S. 533–554, hier S. 534.

254 Willems, »Ästhetische Thaumaturgie«, S. 537.

255 Hugo Ball, Flucht aus der Zeit, S. 84, zum 5.III.1916. Die ganze Größenordnung dieses Epochenbruchs schildert und analysiert jetzt umfassend: Jörn Leonhard, Der überforderte Frieden. Versailles und die Welt 1918–1923, München 2018, darin vor allem Kap. IV, Abschnitt 5: Utopie und Untergang: Intellektuelle Diagnosen und Aufbrüche, S. 622–645.

256 Hugo Ball, Flucht aus der Zeit, S. 95, zum 18.IV.1916.

257 Über die Grenzen und Vergeblichkeiten der Dada-Künste und -Künstler siehe Peter Sloterdijk, Die schrecklichen Kinder der Neuzeit, Berlin 2014, S. 136 ff.

258 Max Ernst, Maximiliana. Die widerrechtliche Ausübung der Astronomie, herausgegeben von Peter Schamoni, München 1974, S. 13.

259 Siehe dazu Wolfgang Asholt/Walter Fähnders (Hg.), Manifeste und Proklamationen der europäischen Avantgarde (1909–1938), Stuttgart und Weimar 1995.

260 Klaus Peter Dencker, Optische Poesie. Von den prähistorischen Schriftzeichen bis zu den digitalen Experimenten der Gegenwart, Berlin, New York 2011.

261 Karl Krolow, »Vergessene deutsche Dichter«, in: DIE ZEIT, 26.7.1956, nachzulesen: {www.zeit.de/1956/30/august-stramm/komplettansicht}, letzter Zugriff 10.09.2018.

262 Glossolalie, herausgegeben von Schuldt, Literaturmagazin Nr. 18, Reinbek bei Hamburg, 1986.

263 Kurt Schwitters, »Merz«. In: Der Ararat, S. 17, vgl. Kurt Schwitters, Das literarische Werk, Band 1, Lyrik, herausgegeben von Friedhelm Lach, Köln 1973, S. 20.

264 Es beginnt: »Ein Fischge, Fisch, ein Fefefefefischgerippe / Lag auf der auf, lag auf der Klippe./ Wie kam es, kam, wie kam es / Dahin, dahin dahin?« – Kurt Schwitters, Das literarische Werk I, S. 118.

265 Abgedruckt bei Schwitters, Das literarische Werk I, S. 214 f. Zu der akustischen Poesie vgl. Dencker, Optische Poesie, Abschnitt III, Musikalische Grafik, S. 56 ff.

266 Jean Paul, Kleine Nachschule zur ästhetischen Vorschule, Miserikordias-Vorlesung, in: ders., Sämtliche Werke, Abt. I, Band 5, S. 499; vgl. auch ders., Vorschule, S. 499.

267 So die Beschreibung der Berliner Volksbühne zur Inszenierung: »Murmel Murmel nach Dieter Roth. 1974 bringt Dieter Roth im Eigenverlag Murmel heraus, ein 18 x 11.5 cm messendes Buch mit 176 Seiten auf gebräuntem Papier. Es handelt sich dabei um ein Bühnenstück. Es muss in den frühen 1980er Jahren gewesen sein, als Herbert Fritsch dieses Stück erstmals in den Händen hält und sich dafür begeistert. Bei einem seiner wenigen Vorsprechen an einem deutschen Theater (es muss in Stuttgart gewesen sein), spricht Fritsch dann erstmals Roth und wird engagiert. Fritsch verspricht Roth dann irgendwann – es muss im 20. Jahrhundert gewesen sein –, das Stück zu inszenieren. 2012 hält Fritsch sein Versprechen. Roth ist seit einiger Zeit tot – es müssen 14 Jahre sein. Es müssen 11 Schauspieler sein, sagt Herbert Fritsch. 11, sagt er, sei eine verrückte Zahl, die das Unfassbare, das man mit Händen nicht begreifen und mit Fingern nicht zählen kann, überschreibt. Er selbst wird dann der 12. sein … und dann kommt ein 13. und ein 14. murmelt hinzu …Murmel …«, vgl. {https://volksbuehne.adk.de/praxis/murmel/index.html}, letzter Zugriff 30.10.2018.

268 Michel Foucault, Die Ordnung der Dinge, S. 75 f.; vgl. aber den Widerspruch bei Philipp Theisohn, Die kommende Dichtung. Geschichte des literarischen Orakels 1450–2050, München 2012, S. 28, Anm. 56.

269 Peter Sloterdijk, Klangwelt. Wo sind wir, wenn wir Musik hören, in: ders., Der ästhetische Imperativ. Schriften zur Kunst, herausgegeben von Peter Weibel, Hamburg 2007, S. 8–82, hier S. 66; es folgt dann, S. 68, eine Überlegung, die mit Foucaults Position zur Trennung von Wort und Sache übereinstimmt, und schließlich die Wiedergabe und Erörterung des letzten Teils der phonetischen Kantate »Ango laïna« aus dem Jahr 1921 von Rudolf Blümner, S. 69 f.

270 Vgl. Joachim Sartorius, »Americana Fantastica. William Carlos Williams und sein Großes Amerikanisches Gedicht ›Paterson‹«, in: William Carlos Williams, Gedichte, Frankfurt am Main 1998, S. 642–659, hier S. 656.

271 Vgl. Thomas Bräutigam, Hörspiel-Lexikon, Konstanz 2005, s. v. Besuch im Pfarrhaus, S. 61.

272 Ernst Jandl, Einleitung zu Ilse Aichingers Hörspiel »Besuch im Pfarrhaus«, S. 62 f.

273 Heinz Schwitzke, Reclams Hörspielführer, Einleitung, Stuttgart 1969, S. 9.

274 Virginia Woolf, Orlando, dt. von Brigitte Walitzek, Frankfurt am Main 1990, Seite 129.

275 Foucault, Heterotopien, S. 9.

276 Michel Foucault, Die Ordnung der Dinge, S. 20; vgl. auch: Johannes Binotto, TAT / ORT. Das Unheimliche und sein Raum in der Literatur, Zürich und Berlin 2013, S. 16.

277 Theodor W. Adorno, »Prismen«, in: ders., Kulturkritik und Gesellschaft I, Gesammelte Schriften, 10.1, herausgegeben von Rolf Tiedemann, Frankfurt am Main 1977, S. 1.

278 Peter Sloterdijk, Weltfremdheit, S. 296.

279 Rüdiger Dannemann, »Auf der Suche nach dem verlorenen Sinn. Tambourine Man des Weder-Noch. Bob Dylan Revisi-

ted anhand seines ersten Romans ›Tarantel‹«, in: Der Freitag, 25.05.2001, {www.freitag.de/autoren/der-freitag/auf-der-suche-nach-dem-verlorenen-sinn}, letzter Zugriff 10.09.2018.

280 Dannemann, »Suche«.

281 Dannemann, »Suche«.

282 Jean Paul, Vorschule, S. 193.

283 Jan Philipp Reemtsma, »Kaff – wieder gelesen«, in: ders., Schriften zur Literatur, München 2015, Band 2, S. 27–33, hier S. 31 f.

284 »An Zerstreuungen lässt es uns die Welt nicht fehlen; wenn ich lese, will ich mich sammeln«, Johann Wolfgang von Goethe, Schriften zur Literatur, Literarisches Konversationsblatt, in: ders., Gedenkausgabe der Werke, Briefe und Gespräche, Zürich und Stuttgart 1948 ff., Band 14, S. 346.

285 Fragment zu Klopstocks »Grammatischen Gesprächen«, Universität Hamburg, nachzulesen: {www.blog.sub.uni-hamburg.de/?p=19971}, letzter Zugriff 10.09.2018.

286 Zitiert nach der Bargfelder Ausgabe: Arno Schmidt, Zettel's Traum, Werkgruppe IV, Band 1, herausgegeben von der Arno Schmidt Stiftung, Redaktion Susanne Fischer, Bargfeld 2010, S. 30.

287 Arno Schmidts Lilienthal oder Die Astronomen. Fragmente eines nicht geschriebenen Romans. Unter Mitarbeit von Susanne Fischer herausgegeben von Bernd Rauschenbach, Arno Schmidt Stiftung, Bargfeld 1996, S. 18, Spalte II.

288 Arno Schmidts Lilienthal, S. 18, Spalte II.

289 J. Aubert/M. Jolas (Hg.), Joyce & Paris 1902…1920–1940…1975. Papers from the 5th International James Joyce Symposion, Paris 1975, Publications de l'Université Lille 3, 1979.

290 Jones, Anathemata, S. 38.

291 Vgl. Derrida, Grammatologie, S. 110.

292 Friedrich Kittler, »Poésie concrète«, in: ders., Baggersee. Frühe Schriften aus dem Nachlass, herausgegeben von Tania Horn und Sandrina Khaled, Paderborn 2015, S. 130 f.

293 Max Riccabona, Poetatastrophen, herausgegeben von Wilhelm Meusberger und Helmut Swozilek, Innsbruck 1993.
294 Max Riccabona, Bauelemente zur Tragikomödie des x-fachen Dr. von Halbgreyffer oder Protokolle einer progressivsten Halbbildungsinfektion, Wien 1980. Auch dies ein Produkt des Rhombus Verlages, dem Heinz Ludwig Arnold in der ZEIT unter dem Titel »Sprachmagisch« ein Porträt gewidmet hat {www.zeit.de/1978/49/sprachmagisch/komplettansicht?}, letzter Zugriff 10.09.2018.
295 Riccabona, Poetatastrophen, Buchumschlag, Innenseite.
296 Universität Innsbruck, Forschungsinstitut Brenner-Archiv, Nachlass Riccabona, Adorno an Max Riccabona am 25.2. 1959.
297 Andreas Weigel, »Max Riccabonas James-Joyce-Münchhausiaden. Berichtigung seiner zweifelhaften Zeitzeugenschaft«, in: Schriftenreihe der Rheticus-Gesellschaft, 55 (2012), S. 93–108.
298 Vgl. Der Fall Riccabona. Eine Familiengeschichte zwischen Akzeptanz und Bedrohung im 20. Jahrhundert (vorarlberg museum schriften 22), Wien, Köln, Weimar 2017.
299 Wilhelm Meusburger und Helmut Swozilek, »Nachwort«, in: Riccabona, Poetatastrophen, ohne Paginierung.
300 Riccabona, »Halbgreyffer I«, in: Poetatastrophen, ohne Paginierung, nach S. 8.
301 Deleuze/Guattari, Tausend Plateaus, S. 497.
302 Deleuze/Guattari, Tausend Plateaus, S. II.
303 Franz Kafka, Ein altes Blatt, in: ders. Erzählungen, herausgegeben von Max Brod, Berlin 1967, S. 155–158, hier S. 156.
304 Aktuell jetzt: Das Wort beim Wort nehmen. Konkrete und andere Spielformen der Poesie, herausgegeben von Safiye Can und Jürgen Krätzer, die horen, Nr. 271 und 272 (2018).
305 Oswald Wiener, Die Verbesserung von Mitteleuropa, Roman, Reinbek bei Hamburg 1969.
306 Wilfried Barner, Geschichte der deutschen Literatur von

1945 bis zur Gegenwart (Band XII der Geschichte der Deutschen Literatur von de Boor/Newald), München 1994, S. 433.

307 Vgl. etwa Oswald Wiener, »Beim Wiederlesen von Carl Einstein«, in: Literarische Aufsätze, Wien 1998, S. 97–108, hier S. 97.

308 Sibylle Wirsing, »Der Elephant als Floh im Ohr«, in: DIE ZEIT, 31. August 1973, vgl. {www.zeit.de/1973/36/der-elephant-als-floh-im-ohr/komplettansicht}, letzter Zugriff 11.09.2018.

309 Walter Höllerer, Die Elephantenuhr, Frankfurt am Main 1973.

310 Höllerer, Elephantenuhr, S. 29 f.

311 Wolfgang Rohner-Radegast, Semplicità, Basel und Frankfurt am Main 1982; Kinderblitz, Jambudvipa – aus dem Großen Sutra Kinderblitz (Weltumsegler) – (1924–1994), Eggingen 1999.

312 Rohner-Radegast, Semplicità, S. 76.

313 Rohner-Radegast, Semplicità, S. 23.

314 Rohner-Radegast, Semplicità, S. 55.

315 Rohner-Radegast, 1920 in Mecklenburg geboren und 2002 in Freiburg gestorben, hatte Orientalistik, Psychologie, Germanistik, Romanistik, Kunstgeschichte und Philosophie studiert und war u. a. als Lektor bzw. Dozent am Goethe-Institut in Indien tätig.

316 Rohner-Radegast, Semplicità, S. 123.

317 Rohner-Radegast, Semplicità, S. 137.

318 Rohner-Radegast, Semplicità, S. 62.

319 So vollmundig unter {www.matthias-politycki.de/Aus-Faelle-Zerlegung-des-Regenbogens~306}, letzter Zugriff 11.09.2018.

320 Friedhelm Rathjen, »Der ge(nas)führte Leser. Matthias Polityckis ›Entwicklungsroman‹ ›AusFälle‹« in: DIE ZEIT, 22. April 1988, vgl. {www.zeit.de/1988/17/der-genasfuehrte-leser/koplettansicht}, letzter Zugriff 13.09.2018.

321 Matthias Politycki, AusFälle. Zerlegung des Regenbogens, München 1987, S. 142.

322 Politycki, AusFälle, S. 183.

323 Isidore Ducasse Comte de Lautréamont, Gesänge des Maldoror, in: ders., Werke, dt. von Wolfgang Schmidt, Berlin 1985, S. 239.

324 So Ginka Steinwachs in einer Mail an den Autor.

325 Christina Weiss, »Rede«, in: Sonderdruck anlässlich der Verleihung des Hubert-Fichte-Preises 1995, herausgegeben von der Kulturbehörde der Freien und Hansestadt Hamburg, S. 7.

326 Regula Venske, »Laudatio«, in: Hubert-Fichte-Preis, S. 13.

327 Sigrid Weigel, »Flaneurin in der Welt der Schrift. Spuren Benjaminscher Lektüre in den Texten von Ginka Steinwachs«, in: Sonia Nowoselsky-Müller (Hg.), ein mund von welt: ginka steinwachs. TEXT//ORTE//N//, Bremen 1989, S. 62–69.

328 Ginka Steinwachs, Göttinger Kindheit um 1950 oder: Das Kleid sagt wahr, S. 25 im MS.

329 So in der FAZ nach Mitteilung des Perlentauchers vom 27.02.2015; vgl. auch Spiegel online: {www.spiegel.de/kultur/gesellschaft/perlentaucher-literarisches-quartett-wolf-wondratschek-pym-a-1078792.html}, letzter Zugriff 11.09.2018.

330 Sie werden sogar in der Kategorie *Nichtentziffertes Schriftsystem* u. a. neben der Byblos-Schrift, dem *Codex Rohonczi*, den Kretischen Hieroglyphen etc. aufgeführt. Siehe Wikipedia s. v. Kategorie Nichtentziffertes Schriftsystem, s. v. Codex Rohonczi.

331 Beinecke Rare Book and Manuscript Library, Beinecke MS 408, siehe: {www.beinecke.library.yale.edu/collections/highlights/voynich-manuscript}, letzter Zugriff 10.09.2018.

332 {commons.wikimedia.org/wiki/Voynich_manuscript}, letzter Zugriff 11.09.2018. Außerdem gibt es seit 2017 eine Faksimile-Ausgabe bei Siloé arte y bibliofilia, Burgos.

333 Das Buch wurde erstmals in zwei Bänden von Franco Maria Ricci 1981 veröffentlicht; eine amerikanische Ausgabe erschien 1983 bei Abbeville Press, New York. Außerdem gibt es eine einbändige Ausgabe von 1993; 2006 erschien eine überarbeitete italienische Ausgabe mit neuen Illustrationen.

334 Vgl. jetzt auch neuere Meldungen zu Entschlüsselungsversuchen: {www.nationalgeographic.de/geschichte-und-kultur/2018/02/hat-ein-algorithmus-das-voynich-manuskript-entschluesselt}, letzter Zugriff 23.10.2018.

335 Marcelo A. Montemurro, Damián H. Zanette, »Keywords and Co-Occurrence Patterns in the Voynich Manuscript: An Information-Theoretic Analysis«, in: Plos One, June 2013, Vol. 8, Issue 6 (e66344), siehe {www.plosone.org}, letzter Zugriff 04.07.2018.

336 John Coulthart, »Another Green World: The Codex Seraphinianus«, in: Fantastic Metropolis, 2002/2006, hier: {www.johncoulthart./com/feuilleton/writings/another-green-world-the-codex-seraphinianus}, letzter Zugriff 11.09.2018.

337 Jorge Luis Borges, »Tlön, Uqbar, Orbis Tertius«, in: ders., Erzählungen. Universalgeschichte der Niedertracht, Fiktionen, Das Aleph, dt. von Karl August Horst, Wolfgang Luchting und Gisbert Haefs, Wien 2000, S. 99–118, hier S. 104.

338 Borges, Tlön, S. 117.

339 Vgl. dazu Anne-Kathrin Reulecke, Täuschend, ähnlich. Fälschung und Plagiat als Figuren des Wissens in Literatur und Wissenschaften, Paderborn 2016, Kap. 6.1. »Die Fälschung und das Dispositiv der Enzyklopädie: Jorge Luis Borges' Tlön, Uqbar, Orbis Tertius«, S. 328–342.

340 Italo Calvino, »Die Enzyklopädie eines Visionärs«, in: ders., Gesammelter Sand, München 1995, S. 159–165, hier S. 159.

341 Borges, Tlön, S. 105 f. Dass Borges die Sprache Tlöns an der isländisch-indogermanischen Sprachfamilie orientiert, ist vielleicht deswegen kein Zufall, als Island mit dem Vulkan-

eingang auf dem Berg Snæfellsjökull ja doch immerhin seit Jules Verne den Zugang zum Mittelpunkt der Erde bietet; man beachte vor allem seine ironische Beugung des Wortes *hrön – hrönir* (S. 112 f.) [is. hrönn = Welle].

342 John Coulthard, »Another green World: The Codex Seraphinianus« mit dem Zitat Hofstadters aus seinem Aufsatz über »Stuff and Nonsense«, siehe {www.johncoulthart.com/feuilleton/writings/another-green-world-the-codex-seraphinianus/}, letzter Zugriff 11.09.2016.

343 E. E. Cummings, Poems. Gedichte, dt. von Eva Hesse, München 2016, Nr. 33, S. 82.

344 Vgl. den Hinweis im Wikipedia-Artikel: {de.wikipedia.org/wiki/Codex_Seraphinianus}, letzter Zugriff 11.09.2018.

345 Lautréamont, Die Gesänge des Maldoror, S. 149.

346 Ernst Leberecht Tempel, Max Ernst, Maximiliana ou l'exercice illégal de l'astronomie, Paris 1964, Typographie und Publikation von Iliazad. Die hier abgedruckte Abbildung stammt aus dem Museum für Kunst und Gewerbe, Hamburg. Ein Exemplar befindet sich im Moderna Museet in Stockholm. Sämtliche Seiten des graphischen Werkes sind abgebildet in: {www.sis.modernamuseet.se/sv/view/objects/asitem/artist$0040101/7/primaryMaker-asc?t:state:flow=17aabdcb-18ae-420c-9ba8-61bfbc915492}, letzter Zugriff 13.09.2018.

347 Zitiert in: Peter Schamoni (Hg.), Max Ernst. Maximiliana. Die widerrechtliche Ausübung der Astronomie, München 1974, S. 75.

348 Vgl. {de.wikipedia.org/wiki/Ernst_Wilhelm_Leberecht_Tempel}, letzter Zugriff 11.09.2018.

349 Peter Schamoni (Hg.), Max Ernst. Maximiliana, S. 75.

350 Borges, Tlön, S. 107.

351 Daniel Wilhelm Triller, »Der Affe, ein seltsamer Buchdrucker, und ein Eremit«, in: Neue Aesopische Fabeln, worinnen in gebundener Rede allerhand erbauliche Sittenlehren

und nützliche Lebensregeln vorgetragen werden, Hamburg 1740, die cxv.Fabel, S. 237–239.

352 Vgl. dazu die *Allgemeine Deutsche Biographie*, Band 38, Jahrgang 1894 s. v. Triller, Daniel Wilhelm; siehe {www.deutsche-biographie.de/sfz18907.html}, letzter Zugriff 26.09.2018.

353 Georg Wilhelm Friedrich Hegel, Die Vernunft in der Geschichte, herausgegeben von Johannes Hoffmeister, Hamburg 1994, S. 29.

354 Hegel, Vernunft, S. 29.

355 Arthur Schopenhauer, Pandectae. Philosophische Notizen aus dem Nachlass, herausgegeben von Ernst Ziegler, München 2016, Nr. 323,2, S. 361.

356 Schopenhauer, Die Welt als Wille und Vorstellung, Drittes Buch, S. 278.

357 Georg Philipp Harsdörffer, »Fünffacher Denckring der Teutschen Sprache«, in: ders., Delitiae Mathematicae et Physicae. Der Mathematischen und Philosophischen Erquickstunden Zweyter Teil, Neudruck der Ausgabe Nürnberg 1651, Frankfurt am Main 1990, S. 517; vgl. die Abb. und Erläuterung bei Peter Bexte, »Ars Combinatoria«. Zum Ursprung der Denkmaschine, in: Interface: Weltbilder, Bildwelten, computergestützte Visionen, Hamburg 1995, S. 126–133, hier S. 130; vgl. hierzu natürlich auch Dencker, Optische Poesie, Abschnitt IV/2, »Computergesteuerte Produktionen«, S. 177 ff.

358 Harsdörffer, Denckring, S. 517.

359 Georg Friedrich Harsdörffer, Frauenzimmer Gesprächsspiele, Teil I–VII, herausgegeben von Irmgard Böttcher, Tübingen 1968, Nachdruck der Ausgabe Nürnberg 1644; siehe auch Hartmut Freytag, Wolfgang Harms, Michael Schilling, Gesprächskultur des Barock. Die Embleme der Bunten Kammer im Herrenhaus Ludwigsburg bei Eckernförde, o. O. (Kiel) 2001.

360 Stanisław Lem, »Die Reise Eins A oder Trurls Elektrobarde«, in: ders., Kyberiade. Fabeln zum kybernetischen Zeitalter, dt. von Jens Reuter u. a., Frankfurt am Main und Leipzig 1992, S. 47–62.

361 Stéphane Mallarmé, Ein Würfelwurf. Übersetzt und erläutert von Marie-Louise Erlenmeyer, Olten und Freiburg 1966, gemeinsam mit Éventail. Für Stéphane Mallarmé, herausgegeben von Alma Valazza, Wien 2000.

362 So rechnet auch Gottfried Boehm Mallarmés Gedicht zu den »bewegenden Utopien der Moderne«, siehe ders., »Grund vieler Gründe. Die Macht der Bilder im Werk Erhart Kästners«, zuerst in: Günter Figal (Hg.), Erhart Kästner – zum 100. Geburtstag. Die Wahrheit von Orten und Dingen, Freiburg 2004, S. 60–76, jetzt in: Ralph Ubl, Die Sichtbarkeit der Zeit. Studien zum Bild in der Moderne. Gottfried Boehm, Paderborn 2017, S. 245–254, hier S. 246.

363 Blumenberg, Lesbarkeit, S. 311.

364 Blumenberg, Lesbarkeit, S. 313, mit Anmerkung 373 für die Angabe bei Paul Valéry.

365 Mallarmé, Ein Würfelwurf, Vorwort (ohne Seitenangabe).

366 Dass es freilich auch einen spielerischen Umgang mit diesem Gedicht gibt, zeigt eine Aktion von Jérémie Bennequin während einer Veranstaltung in der Literaturwerkstatt Berlin, vgl. {www.fu-berlin.de/campusleben/lernen-und-lehren/2014/141204_appropriationsliteratur_gilbert/index.html}, letzter Zugriff 11.09.2018.

367 Quentin Meillassoux, Die Zahl und die Sirene. Eine Entschlüsselung von Mallarmés ›Würfelwurf‹, dt. von Giulia Agostini, Zürich und Berlin 2013, S. 14 f. Wir staunen immer wieder über die ungebrochene Aktualität dieses »schweigenden Gedichts aus lauter Weiß« (Mallarmé), und über seine Reichweite. So ließ sich der Berliner Kunsthändler Heiner Bastian angesichts des Buchs aus Blei von Anselm Kiefer immer wieder zu Gedanken über dieses absolute Ge-

dicht anregen, so jetzt wieder (?) im Katalog zur Ausstellung Anselm Kiefer, Die Welt – ein Buch, o. O. (München), 2016 im Museum der Bildenden Künste in Leipzig, S. 21–24 unter dem Titel »Fremdheit«.

368 Queneau, in einem Radiointerview, vgl. Ferentschik, 'Pataphysik, S. 210.

369 Siehe dazu: Theo Lutz, Stochastische Texte: {auer.netzliteratur.net/0_lutz/lutz_original.html}, letzter Zugriff 11.09. 2018.

370 Heidulf Gerngross, Volksbuch, herausgegeben von Vintilia Ivanceanu, Wien 1978.

371 Heinz Ludwig Arnold, »Sprachmagisch«.

372 Zu diesem Thema im sehr weiten Sinne ausführlich die Dissertation von Florian Cramer, Exe.cut[up]able statements. Poetische Kalküle und Phantasmen des selbstausführenden Texts, in: {www.netzliteratur.net/cramer/poetische_kalkuele_und_phantasmen.pdf}, letzter Zugriff 11.09.2018.

373 Dazu natürlich: Adorno, Ästhetische Theorie und Seegers, Transformatio energetica; siehe Anm. 115.

374 Michel Foucault, Der Wahnsinn existiert nur in einer Gesellschaft, in: ders., Dits et Ecrits. Schriften, Band I, 1954–1969, herausgegeben von Daniel Defert und François Ewald unter Mitarbeit von Jacques Lagrange, dt. von Michael Bischoff, Hans-Dieter Gondek und Hermann Kocyba, Frankfurt am Main 2001, S. 243–327, hier S. 237.

375 Michel Foucault, Wahnsinn, Literatur, Gesellschaft, in: Schriften Band II, S. 129–156, hier S. 140 f.

376 Michel Foucault, Wahnsinn und Gesellschaft. Eine Geschichte des Wahns im Zeitalter der Vernunft, dt. von Ulrich Köppen, Frankfurt am Main 1973, S. 27. Diese Odysseen sind aber zugleich, spätestens in der Deutung der Renaissance, z. B. bei Dante in der *Göttlichen Komödie*, Beispiele für die Ausfahrten ins Unbekannte und Unerforschte. Diese Ebene korrespondiert, wenn es hier nicht

weiter verfolgt wird, mit dem Bedürfnis einer Welterklärung über die bekannten Grenzen hinaus, in dem Sinne dem Wahnsinn verwandt und der Genialität.

377 Foucault, Wahnsinn, Literatur, Gesellschaft, S. 138.

378 Ernst-Jürgen Dreyer, Die Spaltung, Frankfurt am Main und Basel 2001.

379 Ernst-Jürgen Dreyer, Verborgene Texte in meinen Texten, in: Bettina Clausen (Hg.), Die Spaltung. Materialien zum Roman von Ernst-Jürgen Dreyer, Frankfurt am Main und Basel 2002, S. 34–47, hier S. 34.

380 Dreyer, Verborgene Texte, S. 40.

381 Dreyer, Verborgene Texte, S. 46.

382 Peter Sloterdijk, Sphären. Plurale Sphärologie, Band III, Schäume, Frankfurt am Main 2004, S. 386.

383 Philippe Manoury, »Die Erfindung der Musik«, in: Lettre International 123 (Winter 2018), S. 89–94.

384 Manoury, Die Erfindung, S. 93, Sp. 1. Und ebenfalls nicht ganz von ungefähr ist die ›ontologische Ungewissheit‹ für die Soziologin Eva Illouz ein herausragendes Merkmal der Moderne, siehe: dies., Warum Liebe endet. Eine Soziologie negativer Beziehungen, dt. von Michael Adriam, Berlin 2018, darin der Abschnitt 4: Der Aufstieg der ontologischen Ungewissheit, S. 153–217.

385 Dreyer, Verborgene Texte, S. 40.

386 Dreyer, Hohlräume und Verschweigungen. Zum Naturalismus des Ost/West-Romans *Die Spaltung*, in: Clausen, Materialien, S. 49.

387 Dreyer, Verborgene Texte, S. 46.

388 Dreyer, Die Spaltung, S. 384.

389 Dreyer, Verborgene Texte, S. 46.

390 Dreyer, Hohlräume, S. 45.

391 Dreyer, Hohlräume, S. 54.

392 Dreyer, Hohlräume, S. 55.

393 Dreyer, Hohlräume, S. 48.

394 Dreyer, Die Spaltung, S. 88.

395 Dreyer, Die Spaltung, S. 31.

396 Vgl. Dreyer, Hohlräume passim.

397 Raoul Schrott, Erste Erde Epos, München 2016, S. 361.

398 Isidore Ducasse de Lautréamont, Die Gesänge des Maldoror, in: ders., Werke, dt. von Wolfgang Schmidt, Berlin 1985, S. 149.

399 Schrott, Erde, S. 269.

400 Schrott, Erde, S. 273.

401 Vgl. dazu Paul Michael Lützeler, Die Entropie des Menschen. Studien zum Werk Hermann Brochs, Würzburg 2000; Hans-Christian von Herrmann, Literatur und Entropie, Berlin 2014; Friedrich A. Kittler, »Medien und Drogen in Pynchons Zweitem Weltkrieg«, in: ders., Die Wahrheit der technischen Welt. Essays zur Genealogie der Gegenwart, herausgegeben von Hans Ulrich Gumbrecht, Berlin 2013, S. 113–131, hier besonders S. 121. Zum übergeordneten Problem der Informationstheorie siehe ders., »Signal – Rausch – Abstand«, in: Wahrheit der technischen Welt, S. 214–231. Vgl. auch den zugrundeliegenden bzw. zugrundegelegten Text von Claude E. Shannon/Warren Weaver, Mathematische Grundlagen der Informationstheorie, München und Wien 1976.

402 Dass wir uns hierbei gewissermaßen im Kern der zeitgenössischen Informationstheorie befinden, macht uns Friedrich Kittler deutlich, indem er auf ein Schreibexperiment von Shannon rekurriert. Vgl. Kittler, »Signal – Rausch – Abstand«, S. 219: Kittler beschreibt das Experiment Shannons, in dem eine mechanische bzw. rechnerische Rückverwandlung von einer statistisch endlichen Zeichenmenge – in diesem Fall des englischen Alphabets – vom Rauschen bzw. Silbensalat bis zum Sinnhaften vollzogen wird. Es heißt dann: »Eine Approximation […] dritter Ordnung mit Übergangswahrscheinlichkeiten auch zwischen

englischen Buchstabentripeln kann schon mit Wahnsinnigen, Surrealisten oder [...] mit *Finnegans Wake* konkurrieren.«

403 Schrott, Erde, S. 71.

404 Schrott, Erde, Vorwort, S. 26.

405 Schrott, Erde, Vorwort, S. 26.

406 Schrott, Erde, S. 682 f.

407 Schrott, Erde, S. 177.

408 Es ist deshalb mehr als ein sachbezogener Hinweis, wenn Schrott sein Buch III mit der ersten Zeile aus Hesiods *Theogonie* beginnen lässt; vgl. Schrott, Erde, S. 196 – und, wer mag: die schöne deutsche Übersetzung von Albert von Schirnding: Hesiod, Theogonie. Werke und Tage, Griechisch – Deutsch, herausgegeben und dt. von Albert von Schirnding, Berlin 2012, S. 7.

409 Schrott, Erde, S. 73.

410 Vgl. die Alaska-Episode ab S. 161.

411 Friedrich von Hardenberg (Novalis), Heinrich von Ofterdingen, in: ders., Briefe und Werke. Zweiter Band, Die Dichtungen, Berlin 1943, S. 170.

413 Friedrich von Hardenberg, Heinrich von Ofterdingen, S. 172.

413 Friedrich Nietzsche, Die Geburt der Tragödie, in: ders., KSA 1, S. 47.

414 Karl Heinz Bohrer, Das Erscheinen des Dionysos. Antike Mythologie und moderne Metapher, Berlin 2015, hier S. 141 ff.

415 Blumenberg, Lesbarkeit, S. 16.

416 Blumenberg, Lesbarkeit, S. 15.

417 Michel Foucault, Wahnsinn und Gesellschaft, in: ders., Schriften, 2. Band, S. 157–165, hier S. 161, siehe auch Anm. 2.

418 Johann Gottfried Herder, Ideen zur Philosophie der Geschichte der Menschheit, 2 Bände, Band 2, Berlin und Weimar 1965, S. 211–214, hier S. 211. Hierzu ausführlich und

weiterführend: Tamás Miklós, Der kalte Dämon. Versuche zur Domestizierung des Wissens, München 2016.

419 Harry Mulisch, De compositie van de wereld, Amsterdam 1986.

420 Harry Mulisch, Die Zukunft von gestern. Betrachtungen über einen ungeschriebenen Roman, dt. von Marlene Müller-Haas, Berlin 1995.

421 Die Übersetzung ist von mir. Im Original: »Aan de hand van het octaaf, waarvan de achtste toon op wonderlijke wijze samenvelt met de eerste, construeert hij een alomvattende wereldformule, die de structuur en de ontwikkeling van het denken, het individu, de samenleving en de kosmos inzichtelijk maakt. Het resultaat is een fascinerend mengsel van wetenschappelijke uiteenzettingen en wijsgerige bespiegelingen, vooral over de paradox, geperst in een hermetisch systeem dat, plausibel of niet, in ieder geval ongeremd ambitieus is«, vgl. Piet Meeuse, »Een systematische vergroting van het raadsel. Over Mulischs »›De compositie van de wereld‹«, in: De Revisor, Jaargang 8 (1981), S. 24 ff.

422 Mulisch, Compositie, S. 17.

423 Friedrich Wilhelm Joseph Schelling, System des transzendentalen Idealismus (1800), in: ders., Schriften von 1799–1801, Darmstadt 1967, S. 627 f. Interessant wäre ein Vergleich mit der Position Hegels hinsichtlich des Verhältnisses von Dichtung und Philosophie, wie sie in Zusammenhang mit dem Literatenstreit um 1770 aufscheint.

424 Schelling, System, S. 351.

425 Vgl. Tamás Miklós, Der kalte Dämon.

426 Mulisch, Compositie, 3. Buch, Hauptstück VII, »De basis: de genetische code«, S. 168 ff.

427 Mulisch, Compositie, 7. Buch, S. 415 ff.

428 Schopenhauer, »Über Schriftstellerei und Stil«. In: ders., Parerga und Paralipomena II, § 275, S. 539.

429 Heinrich Heine, »Belsatzar«, in: ders., Buch der Lieder, be-

arbeitet von Pierre Grappin, Hist. Krit. Gesamtausgabe, Band I/I, Hamburg 1975, S. 93 f.

430 Dürrenmatt, Winterkrieg, S. 177.

431 Vgl. dazu ausführlich: Bromand, Kreis (Hg.), Was sich nicht sagen lässt. Und selbstverständlich müssen wir hier erneut an Gustav René Hocke erinnern: Es ist ja die immer neu aufbrechende Moderne in jedem Zeitalter, da »die Welt mit ihren gestörten politischen und ethischen Ordnungen [...] keinen harmonischen Kosmos mehr« bildet, vgl. Hocke, Labyrinth, S. 20.

432 Vgl. Boehm, »Grund vieler Gründe«, S. 246 ff.

433 Jean Paul, Vorschule, S. 105.

434 Blumenberg, Lesbarkeit, S. 20.

435 G.K. Chesterton, Charles Dickens, London 1906, zitiert nach: Alfred Liede, Dichtung als Spiel. Studien zur Unsinnspoesie an den Grenzen der Sprache, zuerst Berlin 1963, Berlin und New York 1992, S. 18.

436 Klaus Heinrich, Dahlemer Vorlesungen 1, tertium datur. Ein religionsphilosophische Einführung in die Logik, Basel und Frankfurt am Main 1987, S. 17.

437 Martin Heidegger, Über den Humanismus, Frankfurt am Main 1991, S. 51, zitiert auch bei Christina von Braun, Versuch über den Schwindel, S. 77; dort S. 96 auch die »berühmte Klage des Chacheperreseneb« aus dem Anfang des 2. Jahrtausends v. Chr.: »O dass ich unbekannte Sätze hätte, seltsame Aussprüche,/ neue Rede, die noch nie vorgekommen ist,/ frei von Wiederholungen [...].«

438 Vgl. Margarete Jäger, »Diskursanalyse. Ein Verfahren zur kritischen Rekonstruktion von Machtbeziehungen«, in: Ruth Becker, Beate Kortendiek (Hg.), Handbuch Frauen- und Geschlechterforschung. Theorie, Methoden, Empirie, Wiesbaden 2008, S. 378–383, hier S. 378; vgl. auch Angelika Grubner, Die Macht der Psychotherapie im Neoliberalismus. Eine Streitschrift, Wien 2017, S. 62 ff.

439 Michel de Certeau, Kunst des Handelns, dt. von Ronald Voullié, Berlin 1987, S. 328.

440 Pierre Bourdieu, Manet. Eine symbolische Revolution. Vorlesungen am Collège de France 1998–2000, herausgegeben von Pascale Casanova, Patrick Champagne u. a., dt. von Achim Russer und Bernd Schwibs, Berlin 2015, S. 36.

441 Bourdieu, Manet, S. 38.

442 Bourdieu, Manet, S. 44.

443 Arno Schmidt, Kaleidoskopische Kollidier=Eskapaden, S. 118.

444 Herman Melville, Emoji Dick, or The Whale, edited and compiled by Fred Benenson. Translation by Amazon Mechanical Turk, {www.czyborra.com/unicode/emojidick.pdf}, letzter Zugriff 11.09.2018; zu Emoji siehe: Haluka Maier-Borst, »Der J war gestern«, in: Sprache. Ein Lesebuch von A – Z. Perspektiven aus Literatur, Forschung und Gesellschaft, herausgegeben für das Deutsche Hygiene-Museum Dresden und die Deutsche Akademie für Sprache und Dichtung von Colleen M. Schmitz und Judith Elisabeth Weiss, Göttingen 2016 (Begleitbuch der Ausstellung »Sprache. Welt der Worte, Zeichen, Gesten« des Deutschen Hygiene-Museum vom 24. September 2016 bis zum 20. August 2017), S. 77–80. Vgl. jetzt auch Safiye Can, »Emojigedicht: politisch korrekt. Avenidas-Variationen«, in: Das Wort beim Wort nehmen, Teil 1, S. 86–88.

445 Nietzsche, Mörgenröthe, Fünftes Buch, Nr. 450, in: ders., KSA 3, S. 273.

446 Aischylos, Prometheus in Fesseln. Mit dem griechischen Text herausgegeben und übersetzt von Dieter Bremer, Frankfurt am Main 1988, S. 45 f. (V. 447–461). Ich zitiere nach Günter Peters, Prometheus. Modelle eines Mythos in der europäischen Literatur, Weilerswist 2016, S. 38; hier natürlich auch weitgehende Deutung.

Abbildungsverzeichnis

Erste Auflage Berlin 2020

Göhrener Str. 7 | 10437 Berlin
info@matthes-seitz-berlin.de

Satz: Monika Grucza, Berlin
Druck und Bindung: Pustet, Regensburg
ISBN 978-3-95757-860-0
www.matthes-seitz-berlin.de